KB162203

하지 않고 할 수 있나

실행만이
살 길이다

머리에서 가슴까지
가는 길이 가장 멀다

김이율 지음

함께
BOOKS

실행만이 살 길이다

개정판 1쇄 인쇄 | 2015년 8월 20일
개정판 1쇄 발행 | 2015년 8월 28일

지은이 | 김이율
펴낸곳 | 함께북스
펴낸이 | 조완욱

등록번호 | 제1-1115호
주소 | 412-230 경기도 고양시 덕양구 행주내동 735-9
전화 | 031-979-6566~7
팩스 | 031-979-6568
이메일 | harmkke@hanmail.net

ISBN 978-89-7504-629-2 03320

이 도서는 『머리에서 가슴까지 가는 길이 가장 멀다』의 개정판 입니다.

이 도서의 국립중앙도서관 출판예정도서목록(CIP)은 서지정보유통지원시스템 홈페이지
(http://seoji.nl.go.kr)와 국가자료공동목록시스템(http://www.nl.go.kr/kolisnet)에서 이용
하실 수 있습니다. (CIP제어번호: CIP2015017121)

먼지 낀 현실에 살면서

먼지 없는 꿈을 향하여

걸어가고 있는 것이다.

만일 우리가 맑고 고운 꿈 하나

간직하고 있지 않다면

무엇으로 이 때 묻은 현실을

씻어내면서 살아갈 것인가?

– 라이너 마리아 릴케

차례

내 손으로 직접 열어가는 길

가야할
방향

운명은 변하지 않는 바위가 아니라
잘 다듬고 가꾸면
위대한 작품으로 탄생된다

세상 일은 무엇이든지 결심한 대로 된다.
만일 당신이 '나는 가장 중요한 사람이 될 것이다!'라고
결심한다면 당신은 정말로 그렇게 된다.
만일 당신이 '나는 아무것도 할 수 없어!'라고
생각한다면 당신은 아무것도 이룰 수 없다.
모든 건 만들어가는 것이다.

– J. 휴위즈

아틀란티스 시대를 연구하는 한 고고학자가 있었다.

그는 연구과정에서 흥미로운 사실 하나를 발견했다.

"어? 100년 전 고고학자 이구나치우스도 나처럼 아틀란티스 시대를 연구했네!"

그런데 그 흥미로운 사실은 놀라운 사실로 발전했다. 100년

전의 고고학자와 자신이 놀랄 정도로 닮았다는 사실을 발견한 것이다.

"이럴 수가! 이 사람 나랑 생년월일도 똑같잖아. 직업도 같고 연구 분야도 같다니, 이건 분명 뭔가가 있어."

그는 100년 전의 인물이 되살아나 자신이 된 건 아닌지, 그의 삶이 자신과 무슨 연관이 있지 않을까 생각했다. 그리고 100년 간격으로 같은 삶을 산 인물이 또 있을지 모른다는 생각으로 연구에 착수했다.

몇 달 후, 그는 놀라운 사실을 발견했다.

바로 링컨과 케네디의 삶이다.

링컨은 1846년 하원의원에 당선되었고, 1860년 제 16대 미국 대통령이 되었다. 그리고 재임 중 안타깝게도 저격범의 총을 맞고 세상을 떠나고 말았다.

그런데 100년 후, 케네디도 링컨과 똑같은 삶을 살았다. 1946년 하원의원에 당선이 되었고 1960년 제 35대 대통령이 되었다. 그리고 링컨처럼 암살당했다.

이 놀라운 사실을 발견하고 이론화한 사람이 바로 고고학자인 프랭크 조셉이다. 그는 어느 정도의 시차를 두고 몇몇 인물들이 같은 운명을 반복한다는 '평행이론'을 발표했고 학회로부터 찬사를 받았다.

프랭크 조셉은 황급히 이구나치우스의 죽음에 대해 알아보았다. 알아보니 그 사람은 1901년 1월 1일 심장발작으로 사망했다. 조셉은 자신도 분명 심장발작을 일으킬 거라 예측하고 심장약을 늘 휴대하고 다녔다. 놀랍게도 어느 날 그에게 심장발작이 찾아왔고 그는 준비한 약으로 생명을 보존할 수 있었다. 참으로 신비롭고 섬뜩한 일이 아닐 수 없다.

프랭크 조셉의 평행이론은 어쩌면 운명론에 가깝다. 한번 정해지면 그 운명대로 살아야 한다는 것이다. 유의해야할 것은 평행이론을 주창한 프랭크 조셉 자신은 운명에 따르지 않고 스스로 운명을 바꿨다는 사실이다.

운명은 고정불변의 법칙인가, 변화무쌍한 것인가

우리는 흔히 말한다. 운명은 타고나는 것이다. 그래서 바꿀 수 없다고.

물론 어느 정도 맞는 말이다. 우리는 태어날 때 부모님이나 가족을 선택할 권리가 없다. 부모님, 가족을 바꿀 수도 없다. 살아보니 마음에 들지 않아 부모님과 가족을 부정하려고 해도 자신의 몸 안에 흐르는 피는 바꿀 수 없다.

그러나 주어진 환경을 마음대로 바꿀 순 없지만 자신의 삶을 절대 바꿀 수 없는 건 아니다. 운명(運命)의 뜻은, 움직인다는 뜻의 운(運)이 포함되어 있다. 같은 날 같은 시에 태어난 쌍둥이도 서로의 삶이 다르듯 운명이란 그 삶을 사는 자의 의지에 따라 달라진다는 것이다.

오바마는 두 번 이혼 경력이 있는 엄마 밑에서 자랐고, 흑인이라는 태생적 콤플렉스가 있었다. 또한 타국에서 유년시절을 보내 외로웠고 미국에서의 학창시절 역시 순탄하지 않았다. 환경과 운명을 탓하며 될 대로 되라 자포자기하며 살았다면 지금의 그는 없었을 것이다.

음악가 헨델도 마찬가지다. 그에게 주어진 환경 역시 열악했다. 연일 계속된 과로로 쓰러진 후 그는 반신불수가 되었고 경제적으로도 최악의 상황이었다. 그럼에도 불구하고 그 절망적인 순간에 최고의 걸작 〈할렐루야〉가 탄생했다.

운명에 복종하면 운명이 사람의 목에 줄을 걸어 이리저리 끌고 다니지만 반대로 운명을 얕잡아보고 철저히 무시한다면 운명 위에 군림하며 자신의 뜻대로 살아갈 수 있다.

굿 모닝, 굿 애프터눈, 굿 이브닝

영화 〈트루먼 쇼〉는 다시 봐도 마음 깊은 곳을 두드리는 매력이 있다.

배우 짐 캐리가 연기한 주인공 트루먼은 태어나자마자 방송국에 입양된다. 그리고 그의 생활은 하나하나 모두 전 세계 시청자들에게 중계된다. 첫 걸음마부터 은밀한 사생활인 첫 키스까지 세상 사람들에게 낱낱이 공개된다. 사람들은 그의 사생활을 훔쳐보며 낄낄거린다. 그러나 트루먼은 그의 동료나 이웃, 심지어 부모와 아내까지 〈트루먼 쇼〉 방송을 위해 고용된 연기자라는 사실을 모른다.

트루먼은 방송국 프로듀서가 정해놓은 각본이라는 운명대로 살아간다. 그러던 어느 날, 트루먼은 자신이 살고 있는 세상이 거짓 세상임을 알아차린다. 그 충격이란!

'난 평생을 속아 살아왔어. 이 거짓된 세상을 벗어날 거야!'

진실과 자유를 찾아 떠나려는 트루먼을 방송국 프로듀서는 조롱한다.

"트루먼, 너는 떠날 수 없어. 지금 두려워하고 있잖아. 너는 절대 떠나지 못해."

요트를 타고 새로운 세계로 탈출을 시도한 트루먼, 항해 도중 방송국에서 연출한 무시무시한 폭풍우를 만나는데 물을 유독 무서워하는 그에겐 인생 최고의 시련이며 도전이었다.

그는 이를 악물었다. 어떤 시련과 두려움도 새로운 인생에 대한 그의 갈망을 꺾을 순 없었다. 그는 폭풍우를 뚫고 계속 전진하는데 바다의 끝에서 자신의 인생을 둘러싸고 있던 거대한 세트장을 만나게 된다.

그는 〈트루먼 쇼〉를 지켜보는 시청자들에게 마지막 인사를 올린다.

"여러분, 다시는 저를 볼 수 없을지도 모릅니다. 미리 인사드립니다. 굿 모닝, 굿 애프터눈, 굿 이브닝."

트루먼은 마침내 자기에게 주어진 운명을 버리고 새로운 삶을 찾아 세트장 밖으로 떠난다.

나쁜 운명이 깨어날까봐 살금살금 걷지 말고
옆차기로 날려버려라

미국 소설가 헨리 제임스의 작품 중에 '그는 나쁜 운명을 깨울까봐 무서워 살금살금 걸었다'라는 표현이 나온다.

혹여라도 나쁜 운명이 찾아올까 두려워 몸을 움츠리며 살아오지 않았는지 자신을 되돌아볼 필요가 있다. 조금이라도 불리한 상황이 닥치면 불평하고 원망을 일삼으며 '이건 어쩔 수 없는 운명이야!'라고 체념했던 적은 없는가? 모든 것을 운명 탓으로 돌리는 것은 비겁하기 짝이 없는 일이다.

세상에는 여러 갈래 길이 있다. 그 중 한 길 위에 바람을 가르며 자동차 한 대가 달리고 있는데 그 차 안에는 당신이 타고 있다. 교차로에 다다랐을 즈음, 신호등이 빨간색으로 바뀌었다. 자동차는 교차로 앞에서 멈춰서고 잠시 후 신호가 바뀌었다.

당신은 어디로 향할 것인가?

길이 움직이는 게 아니다. 자동차가 움직이는 게 아니다. 핸들을 쥐고 있는 당신의 선택에 따라 길이 달라진다. 유턴을 할 수도 있고 좌회전, 우회전, 그리고 직진을 해도 된다.

당신의 길과 인생, 그리고 운명은 결국 당신의 손에 달렸다. 당신이 어떤 선택을 하느냐에 따라 모든 것이 달라진다. 운명은 이미 정해진 게 아니라 선택의 조합일 뿐이다.

자, 이제 출발하라. 당신만의 길을 향해 질주하라.

Question for you

1 ....

2 ....

3 ....

[Self development note]
비관하지 않고 운명을 뛰어넘은 사람

엔지 픽슈스는 운명이 그녀를 불공평하게 취급하고 있다고 믿을 수밖에 없는 환경에 놓여 있었다.

그녀의 어머니는 그녀가 갓난아기였을 때 세상을 떠났고 아버지가 누구인지도 몰랐다. 가족이나 가정의 따뜻한 정이라고는 한 번도 느껴보지 못한 채 그녀는 이곳저곳 유아원과 고아원을 전전하며 살아왔던 것이다.

엔지처럼 세상 사람들은 운명이 자신에게 불리하게 작용하고 있다고 믿을 만한 이유를 저마다 한두 개씩 갖고 있다.

그러나 그녀는 자신의 운명에 굴복하지 않고 무엇인가를 해보기로 결심했다. 처음 선택한 것은 자신도 모르게 육중해진 몸무게를 줄이는 일이었다.

그녀는 달리기를 선택했다. 달리면서 자신의 선택이 옳았음을 확신할 수 있었다. 그녀는 알칸사스 주립대학생으로 세 개의 마라톤 대회에 출전하여 우승을 거머쥐었다. 엔지는 운명을 비관할 만한 충분한 이유가 있었다. 그러나 그녀는 결코 굴복하지 않았다. 그녀는 장애물을 뛰어넘어 인생의 승리자가 되었다.

당신도 운명에 굴복하지 말고 승리하는 사람이 되라.

– 지그 지글러 《인생특강 365일》

<u>감을 먹고 싶으면</u>
<u>나무를 잡고 흔들거나 올라가라</u>

당신이 아침에 일어나 침대 밖으로 나오는 것만으로
충분히 성공했다고 볼 수 있다.
왜냐하면 당신이 믿고, 당신이 잘하는,
당신보다 더 큰, 어제에 이어 오늘도 다시 하고 싶어
더 이상 기다릴 수 없는 무엇인가가
침대 밖에 있기 때문이다.

– 위트 홉스

  사업에 실패한 한 남자가 술잔을 기울이며 친구에게 하소

연을 하고 있다.

  "나 이번에도 실패했어."

  친구는 남자의 어깨를 토닥이며 위로의 말을 건넨다.

  "이봐 힘내. 괜찮아! 인생에는 세 번의 기회가 온다고 하잖아. 다음번에 잘하면 돼. 안 그래?"

"이번이 마지막 세 번째 기회였단 말이야. 그럼 이것으로 내 인생은 끝나는 건가?"

인생의 기회는 과연 세 번뿐일까?

"인생에 기회는 세 번 찾아온다"고 흔히들 말하는데 그렇다면 당신은 지금까지 몇 번의 기회를 사용했을까?

아직 한 번도 사용하지 않았다면 다행이지만 이미 세 번의 기회를 다 사용했다면 어떻게 할 것인가? 세 번의 기회를 다 놓쳤다면 남은 인생은 어떻게 해야 할까?

'인생에 기회는 세 번 찾아온다'는 말이 절대적인 것은 아니다. 어찌 세 번뿐이겠는가.

가을이면 감이 주렁주렁 열리는 나무가 있다.

감나무 밑에 누워 입을 벌리고 감이 떨어지기만 기다린다면 맛있는 감은 먹을 수 없다. 감을 먹고 싶다면 감나무를 마구 흔들거나 장대를 높이 들어올리거나 나무 위에 직접 올라가 감을 따면 된다. 기회가 찾아올 때까지 마냥 기다릴 수만은 없지 않은가.

또한 기회가 오지 않는다고 낙담할 필요도 없다. 기회는 스스로 만들면 된다. 그렇게 한다면 세 번에 그치지 않고 열 번, 아니 수십 번 올 수도 있는 게 기회이다.

결코 멈추지 말아라

자기계발 전문 강사인 레스 브라운은 저서 《나의 승리 전에 끝이란 없다》에서 자신이 겪은 일화 하나를 소개했다.

어느 도시에서 조찬회를 마치고 공항에서 모임을 가지게 되었다. 모인 사람들은 서로 의견을 나누고 격렬하게 논쟁했다. 그 역시 시간 가는 줄 모르고 몰두했다가 모임이 예상 외로 길어져 결국 비행기를 놓치고 말았다.

"휴, 내가 미쳤군. 정신을 완전히 놓았어."

브라운은 다음 비행기를 타기 위해 바쁘게 걸어갔다. 그런데 한 청년이 다가와 말을 걸었다.

"브라운 선생님 맞죠? 잠깐 얘기 나눌 수 있을까요?"

"무슨 일이죠?"

"다름이 아니오라 제가 모어하우스 대학에 들어가려는데 조언 좀 부탁드립니다."

브라운은 물었다.

"좋소. 왜 그 대학에 가려고 하죠?"

"그 대학은 제가 존경하는 마터 루터 킹 목사님이 다니신 학교이기도 하고 저 역시 목사가 되고 싶습니다. 그런데 등록금을 다 마련 못해 1,500달러밖에 없습니다. 그게 지금 저의 상황입니다."

"그런데 오늘 내가 여기에 있다는 걸 어떻게 알았죠?"

"예전부터 저는 선생님을 존경해 왔습니다. 강연 소식을 접하고 얼마나 기뻤는지 모릅니다. 그런데 강연회에 참석할 형편이 못되어 선생님의 얼굴이라도 한 번 뵙고자 이렇게 무작정 공항으로 달려왔습니다. 선생님을 찾으려고 여기저기를 얼마나 헤맸는지 모릅니다."

브라운은 미소 지으며 청년의 손을 잡았다.

"강연을 위해 여러 도시를 돌아다녔지만 당신처럼 적극적인 사람은 처음이오. 내가 조금 전에 비행기를 놓쳤는데 아마도 당신을 만나기 위함이었던 것 같소. 당신이 그 대학에 갈 수 있도록 내가 최대한 돕겠소."

이 일화를 통해 브라운은 스스로의 의지와 적극적인 행동만 있으면 기회나 우연도 만들어낼 수 있음을 강조하고 있다. 그 뒤 청년에 대한 언급은 없지만 아마도 청년은 모어하우스 대학에 입학하지 않았을까 미뤄 짐작할 수 있다. 설령 대학에 입학하지 않았다고 해도 그는 어느 곳에서든 멋진 삶을 살아갈 게 분명하다.

안 하는 것보다 하는 게 훨씬 낫다

가진 게 많고 능력이 뛰어나고 대단한 인맥을 가지고 있는 사람이라면 살기 위해 굳이 발버둥 칠 필요도 없다. 그렇게 악착을 떨 필요도 없다. 아쉬운 소리를 할 필요도 없다. 그러나 그렇지 않다면 어쩔 수 없다. 한 번뿐인 인생을 가만히 있을 수 없다. 자신의 힘으로 기회를 끌어당기는 수밖에.

'붕가붕가 레코드'라는 요상한 이름의 인디음반 전문 회사가 있다. 이 기획사가 배출한 밴드 이름을 밝히면 아마 여러분도 고개를 끄덕일 것이다. 두 장의 음반을 내고 맹활약을 펼치고 있는 '장기하와 얼굴들'이 바로 그들이다.

'장기하와 얼굴들' 1집은 〈싸구려 커피〉, 〈달이 차오른다〉 등의 유니크한 노래로 인디 음악으로는 이례적으로 1만 장이 넘는 판매를 했다. 구체적인 현실을 노래하는 공감 가는 노랫말이나 독특한 창법 역시 사랑 받을 만한 요소였다.

그런데 음반 제작과정을 보면 인디 밴드의 현실을 짐작할 수 있다. 그들은 철저히 '가내수공업'이다. 레코딩은 친하게 지내는 밴드 작업실에서 해결했고 CD도 직접 구웠고 패키지 및 포장도 손수 다 했다. 저예산이라 하기에도 민망한 거의 무예산으로 기적을 만들어낸 것이다.

'장기하와 얼굴들'이 어느 정도 알려져 경쟁력을 갖췄기 때문에 기획사는 한시름 놓았지만 그렇다고 모든 게 해결된 건 아니다. 기획사에 소속된 다른 인디 밴드들은 여전히 인지도가 낮다. 그 밴드들에게 과감히 투자할 자본금도, 홍보비도 없다. 그래서 그들은 자신들이 할 수 있는 범위 내에서 최선을 다한다. 홍대클럽에서 지속적으로 공연하고 가내수공업 형태로 팔리는 만큼만 음반을 제작해 시나브로 대중들에게 알린다.

힘겹고 답답한 현실이지만 어쩔 수 없다. 하지 않고 손 놓고 있다고 해서 누가 알아주는 것도 아니다. 세상을 향해, 대중을 향해 끊임없이 신호를 보내야 한다. 내가 이 일을 하고 있고 이 일에 미쳐 있고 언젠가는 뭔가를 이뤄낼 거라는 믿음을 주어야 한다. 안 하는 것보다는 하는 게 무조건 낫다.

제대로 된 준비 없이는 기회도 없다

기회를 만드는 것도 중요하지만 그 이전에 기회를 받아들일 준비가 되어 있어야 한다.

모처럼 오매불망하던 기회가 왔다고 하자. 그것이 기회라는 걸 뻔히 알면서도 놓치는 경우가 있다. 기회를 받아들일 준비가 되어 있지 않아서다.

한 청년이 사막을 건너고 있었다. 살인적인 태양광선과 목마름 때문에 쓰러지기 일보 직전이었다. 그런데 그때, 한 노인이 나타났다.

"젊은이, 넥타이 하나 사겠나?"

청년은 노인에게 버럭 화를 냈다.

"어르신, 지금 제정신이에요? 발가벗어도 시원치 않을 판국에 무슨 넥타이를 삽니까? 맥주라면 몰라도."

청년은 있는 힘을 다해 걷고 또 걸어 가까스로 사막을 빠져나올 수 있었다. 사막이 끝나는 부근에서 술집 하나를 발견했다.

'이제 살았구나!'

청년은 황급히 술집으로 달려갔다. 그런데 종업원이 나타나 입구를 가로막는 것이 아닌가.

"비키시오. 지금 내 목이 타들어간단 말이오."

"여기 들어가려면 넥타이를 착용해야 합니다. 그런데 손님은 넥타이가 없군요. 죄송합니다."

청년은 끝내 술집 안으로 들어갈 수 없었다.

막연한 꿈만 꾸고 있다면 기회를 얻을 수 없다. 꿈과 목표를 놓치지 않는 것은 물론, 꾸준히 준비하고 노력하고 공부하지 않으면 기회를 잡을 수 없다.

지금 당신은 어떤가? 기회가 오지 않는다고 투덜거리고 있는가. 기회는 준비된 사람만이 거머쥘 수 있다. 당장 당신만의 넥타이를 준비하라. 넥타이가 없어 술집 앞에서 하릴없이 되돌아오는 목마른 그 청년이 되고 싶지 않으면!

Question for you

1 ....

2 ....

3 ....

[Self development note]
기회를 성공으로 바꾼 사람들

　1. 필립스의 탄생

　필립은 전파상에서 기술자로 일하고 있었다. 그는 주로 고장난 라디오 수리를 했는데 선임기술자에게 자주 꾸중을 들었다. 시간 내에 수리를 마치지 못했기 때문이다. 그래서 그는 수리할 때마다 긴장한 표정으로 늘 시계를 쳐다보곤 했다.

　어느 날 제품을 수리 중 낡은 일자나사못이 빠지지 않아 애를 먹던 그는 선임기술자에게 혼나고 싶지 않아 온갖 궁리 끝에 망가진 일자나사못 위에 새로운 홈을 파게 되었다. 그러자 쉽게 나사못이 빠졌다.

　그는 십자나사못과 함께 그것을 쉽게 뺄 수 있는 십자형 드라이버도 만들었고 그 발명품을 특허출원하여 많은 돈을 벌게 되었다. 세계적인 가전 브랜드인 '필립스'의 창업 배경이다.

2. 목화벌레 기념탑

목화벌레로 인해 매일매일 한숨만 내쉬는 지역 주민들이 있었다. 미국 앨라배마 주 엔터프라이스 지역 주민들 이야기로 1895년, 목화를 주업으로 하는 이곳에 목화를 먹어치우는 벌레 떼가 습격해 주민들은 결국 목화사업을 포기하기에 이르렀다. 그들은 할 수 없이 목화 대신 땅콩을 심기 시작했는데 그 땅콩이 그들에게 놀라운 기회와 기적을 선사한 것이다.

1919년에 이르러 엔터프라이스는 미국 최고의 땅콩 생산지로 자리매김하게 되었다. 목화벌레가 아니었다면 그들에게 그런 기회는 결코 오지 않았을 것이다. 그들에게 부와 기회를 선사한 목화벌레에게 감사하는 마음으로 주민들은 기념탑을 세웠고 기념탑에 이렇게 적었다.

'목화벌레가 준 고난으로 말미암아
우리는 성장할 수 있었다.'

3. 윌리스 존슨의 해고

목재소에서 열심히 일하던 40대 노동자 윌리스 존슨은 어느 날 아무 이유도 없이 소장으로부터 해고 통보를 받았다. 청천벽력 같은 일이었다.

하루아침에 직장을 잃은 그는 극심한 우울증에 빠졌다. 제대로 숨을 쉴 수조차 없을 정도로 가슴이 아팠다. 그렇다고 이대로 삶을 포기할 순 없었다.

그는 건축 사업을 시작하기로 했다. 그런데 아내가 결사 반대했다. 집까지 저당 잡히면서 새로운 사업을 하겠다는 남편을 그녀는 이해하지 못했다. 아내의 반대에도 불구하고 그는 작은 건축물을 짓는 것으로 자신의 생각을 관철시켰다.

세월이 흐른 후 마침내 그는 자신의 인생에서 가장 기억에 남을 만한 건축물을 만들게 되었으니 그 건물은 바로 '홀리데이인 호텔'이었다.

윌리스 존슨은 자신이 성공할 수 있었던 이유를 이렇게 말했다.

"저를 목재소에서 해고한 그분께 감사 드립니다. 저에게 아주 멋진 삶의 기회를 제공해 주었으니까요."

인생은 퀵서비스가 아니라
마라톤처럼 Step by Step이다

챔피언은 결코 체육관에서 만들어지는 것이 아니다.
챔피언은 자신의 가슴 속에 들어 있는
꿈, 소망에 의하여 만들어지는 것이다.
챔피언은 끝까지 잘 견뎌야 하며 ,
좀 더 빨라야 하며, 충분한 기량과 자신의 의지가
필히 있어야 하는 법이다.

– 무하마드 알리

'한걸음씩'이라는 단어를 떠올리면 어떤 생각이 드는가?
'천천히'나 '계단', '땀방울' 등의 단어가 떠오를 것이다.

'한걸음씩'이란 단어를 통해 생각해 볼 수 있는 대표적인
키워드는 아마도 '마음의 여유'와 '우직한 전진'이 아닐까 생
각된다.

조급증에 사로잡히면 패색이 짙다

여유를 사전적 의미로 살펴보면 '느긋하고 차분하게 생각하거나 행동하는 마음의 상태'를 말한다. 여유, 생각만 해도 편안하고 포근하고 행복하다. 하지만 이를 갖기는 쉽지 않다.

요즘 사람들은 대부분 조급증에 시달린다. 무엇인가에 늘 쫓긴다. 여유로운 마음으로 임하면 훨씬 좋을 일도 뻔히 알면서 그렇게 하지 못한다. 여유를 획득하는 일은 현실에서 용이하지 않다. 치열한 경쟁사회에서 살아남으려면 남보다 더 빨리 높은 곳에 올라가야 하고 가시적인 성과를 이뤄내야 한다는 부담감 때문에 사람들은 조급증을 달고 산다. 조급증은 심적으로 불안과 초조와 스트레스를 동반한다. 당연히 판단력이 흐려지고 디테일이 떨어져 일을 망치고 만다.

요즘은 사람들이 조급증을 뛰어넘어 공휴증(恐休症)에 시달린다고 한다. 공휴증은 말 그대로 쉬는 것이 두려워 끊임없이 무언가를 해야만 마음의 안정을 찾는 병이다.

공부든 일이든 사정이 있어 좀 쉬면 어떤가! 그렇게 되었다고 해서 남보다 뒤처지는 것도 아니다.

인생은 그렇게 짧지 않다. 설령 조금 뒤처지고, 조금 모자란다고 해도 너무 조급해 할 필요는 없다. 젊음이라는 시간은 어차피 완성의 시간이 아니라 더 나은 미래를 위한 준비과정일 뿐이다. 내가 사는 지금 이 시간이 바로 제대로 된 인생의 준비과정이라 생각하면 된다.

나폴레옹의 조급증과 제인 구달의 여유

역사를 살펴보면 조급증 때문에 막대한 실패를 초래하는 경우를 종종 볼 수 있다.

제리 마나스의 《나폴레옹 리더십》에는 나폴레옹의 성공에만 초점을 맞추지 않고 실패에도 눈을 돌리고 있는데 그의 실패 원인 중 하나를 '조급증'으로 꼽고 있다.

나폴레옹은 대륙봉쇄령을 선포해 영국과의 모든 교역을 금지시켜 영국을 압박하고, 유럽을 수중에 넣기 위해 여러 나라를 침공했다. 세계 정복이라는 야욕과 하루빨리 세계 군주로 우뚝 서야 한다는 조급증 때문에 그는 러시아 원정길에 올랐다.

    1812년 9월 7일, 하루 동안의 전투에서 양쪽 합쳐 최소한 7만 명의 사상자가 생겼다. 가까스로 모스크바에 입성했지만 러시아군은 전투에 나서지 않았다. 나폴레옹과 그의 군대는 텅 빈 도시에서 굶어 죽거나 얼어 죽어야 할 판이었다. 보급이 끊긴 상태라 후퇴를 해야만 했는데 이 과정에서 많은 병사가 죽어나갔다. 60만 명의 대군이었던 나폴레옹의 군대가 프랑스로 돌아왔을 때, 병력은 4만 명 정도에 불과했다.

    속전속결로 끝내려 하지 않고 보급과 지원전력 등 장기전을 염두에 두고 준비했다면 아마도 지금의 세계지도는 달라졌을지도 모른다. 조급증이 나폴레옹의 몰락을 가져왔다고 해도 무리는 아니다.

    영화 〈타짜〉에서 인상 깊은 연기로 주목을 받더니 〈추격자〉 〈완득이〉 〈도둑들〉 등을 통해 흥행배우의 반열에 오른 김윤석은 어느 날 인터뷰에서 오랜 무명으로 동료들이 앞서 나갈 때 조바심을 느끼지 않았느냐는 기자의 질문에 이렇게 대답했다.

    "바로 그 조바심이 사람을 망치죠. 관건은 내가 카메라 앞에서 온전히 잘할 수 있느냐 없느냐예요. 조바심을 낸다고 될 일이 아니죠. 평생을 할 일인데 조금 빠르거나 늦게 시작하는 것이 뭔 대수겠습니까.”

조급증이 실패의 원인 중 하나라는 건 부정할 수 없는 사실이다. 이에 반해 여유로운 기다림은 좋은 결과를 가져다준다.

세계적인 동물학자이자 침팬지 연구가인 제인 구달은 여유로운 기다림을 통해 잊지 못할 순간을 얻어낼 수 있었다.

어느 날 그녀는 탕가니카 호수 근처에 텐트를 쳤다. 침팬지를 만나기 위해서다. 한나절이 지나도, 하루해가 거의 다 지는데도 침팬지는 코빼기도 보이지 않았다.

다음날도 침팬지는 나타나지 않았고 그 다음 날도, 일주일이 지나도 침팬지를 볼 수 없었다. 침팬지는 자신의 구역에 낯선 사람이 들어오면 멀리 도망가 버리는 습성이 있기 때문이다.

몇 달이 훌쩍 지나고 말았다. 그러던 어느 날, 호기심 많은 침팬지 한 마리가 텐트 가까이로 한 걸음, 한 걸음 다가왔다.

당장 텐트 밖으로 뛰쳐나가 침팬지와 만나고 싶었지만 그녀는 뛰는 가슴을 진정시켰다. 며칠 동안, 그녀는 꼼짝도 하지 않고 어느 순간을 기다렸다. 침팬지는 어느 날 그녀가 건네는 바나나를 받았고 마침내 그녀는 침팬지와 친구가 될 수 있었다.

소의 걸음으로 걸어가라

앞에서 '한걸음씩'이란 단어를 통해 생각할 수 있는 키워드 2개 중 하나가 '마음의 여유'였다면 나머지 하나는 '우직한 전진'이라 했다.

우직한 전진이란 무엇일까? '우보(牛步)' 즉 소의 걸음과 일맥상통한다.

기본기도 없이 무언가를 얻기 위해 요행을 바라거나 무리수를 두면 결코 좋은 결과를 얻을 수 없다. 기본기를 갖춘 채 목표를 향해 묵묵히 나아가는 힘, 그게 바로 우직한 전진일 것이다.

세계 최고의 자기계발 강사인 브라이언 트레이시는 다음과 같이 말했다.

"성공적인 사람들이 행하는 일을 지속적으로 끈덕지게

행한다면 세상 그 어떤 것도 당신의 성공을 막지 못한다."

어느 날, 한 모녀가 숲길을 산책했다.

산들바람에 흔들리는 들꽃과 진한 숲의 향에 취해 둘은 더 깊은 곳으로 들어갔는데 시간 가는 줄 몰랐다.

어느새 해가 지고 어둠이 숲 전체에 스며들었다. 엄마는 뒤늦게야 그 사실을 깨달았다.

"안 되겠다. 이제 우리 돌아가야겠다."

그러나 이미 숲은 칠흑 같은 어둠으로 뒤덮였다. 모녀는 두려움에 휩싸였다.

"엄마, 무서워."

"걱정하지 마. 어서 가자."

엄마는 딸의 손목을 잡고 급한 마음에 성큼성큼 걷다가 그만 돌멩이에 걸려 넘어지고 말았다. 엄마는 허둥지둥하는데 소녀인 딸은 의외로 침착했다.

"엄마, 괜찮아? … 엄마, 참 신기해."

"뭐가?"

"저 멀리는 안 보이는데 바로 발아래를 보면 한 발짝만큼의 거리는 보이는 것 같아."

어린 딸의 말에 엄마는 고개를 끄덕이며 자신이 너무나 성급하게 굴었다는 사실을 깨달았다.

"그렇구나. 발 아래를 보면서 한 발, 한 발 걸어가면 되겠구나."

이 세상 모든 것들은 오랜 시간의 땀과 꿈이 쌓여 만들어진 결과물이다.

산타마리아 델 피오레 성당의 돔은 1420년에 건축을 시작해 완공하기까지 무려 26년이라는 시간이 걸렸다. 박경리의 대하소설 《토지》 역시 집필 기간만 무려 25년이다. 시간을 건너뛰지 않고 묵묵히 한 걸음씩 나아갔던 집념과 꿈의 시간이 없었다면 아마도 위대한 건축물과 예술작품은 탄생하지 않았을 것이다.

맥도널드 햄버거의 성공 요인에도 주목할 필요가 있다.

햄버거의 두께는 44㎜, 위아래 빵 2쪽이 각각 17㎜, 가운데 고기다짐육 패치가 10㎜로 정해져 있다. 감자 써는 요령 및 두께까지 엄격하게 정해진 대로이고 화장실 위생 상태는 1차 2차 점검은 기본이요, 카운터 높이는 손님이 불편 없이 지갑을 꺼낼 수 있도록 72㎝, 매장을 열기 전에 매장 전등, 직원들 복장 점검, 거울 상태 점검 등등 이는 맥도널드 매장의 기본 매뉴얼이다.

맥도널드 햄버거 창업주는 하나의 점포를 개설하기 위해 5만 개의 매뉴얼을 준비하고 그 중 하나라도 미흡하면 매장 오픈을 하지 못하게 했다.

오늘날 맥도널드가 전 세계 110여 개 국가의 2만여 개 점포를 거느릴 수 있었던 이유가 바로 그것이다. 철저하고 완벽하게 준비해 왔기에 지금에 이르지 않았을까?

사막의 낙타는 뜨거운 열기 속을 한마디 불평도 없이 천천히 걷기에 무사히 목적지에 닿을 수 있다. 한 걸음 한 걸음의 발자국이 모여 정상에 오를 수 있고, 수백 년 수십 년 동안 한 방울 한 방울 떨어진 물이 바위를 움푹 패게 하고 두 조각으로 가르기도 한다.

호흡을 좀 길게 가지고 멀리 내다보며 자기에게 주어진 지금 이 순간을 묵묵히 걸어가는 지혜가 필요하다.

Question for you

1 ....

2 ....

3 ....

[Self development note]
조급증 테스트

주의력결핍장애(ADHD) 분야 전문가인 에드워드 할로웰은 자신의 저서인《창조적 단절》도입부에 '조급증 테스트'를 실었다.

1. 대화중에도 문자를 주고받다 핀잔을 듣곤 한다.
2. 바탕화면에 사용하지 않는 아이콘이 3개 이상 있다.
3. 윈도우 창을 평균 5개 이상 열어 놓는다.
4. ADSL에서 광랜으로 바꿨는데도 로딩시간 때문에 답답하다.
5. 책상 위에 늘 서류가 쌓여 있다.
6. 다른 사람의 말을 중간에 잘 자른다.
7. TV를 볼 때 쉴 새 없이 리모컨으로 채널을 돌린다.

8. 출퇴근시 잊어버리고 온 물건 때문에 자주 들락날락한다.

9. 에스컬레이터에 올라서도 걷는다.

10. 엘리베이터 문이 자동으로 닫히기 전에 '닫힘' 버튼을 누른다.

11. 사람들이 다 내리기 전에 지하철에 올라탄다.

12. 9회 말 야구 경기를 끝까지 지켜보지 못한다.

13. 도로에 뛰어내려 택시를 잡거나 버스를 기다린다.

14. 사탕을 끝까지 녹여 먹지 못한다.

15. 미니홈피의 댓글을 확인해 주는 문자메시지 알림기능을 신청했다.

16. 동영상의 재생속도를 약간 빠르게 해서 본다.

17. 자판기에서 커피가 다 나오기 전에 꺼내다 흘린 적이 있다.

18. 하루를 뒤돌아보거나 명상에 잠기는 시간을 가진 적이 없다.

19. 이번 주에 방영된 미드를 못 보면 잠이 안 온다.

20. "오늘 바쁘긴 했는데 뭘 했는지 모르겠어!"라는 말을 입에 달고 다닌다.

테스트 결과

0~4개 : 당신은 이미 한 가지 일에 충분한 집중력을 발휘

해 가시적인 성과를 만들어내는 태도와 마음을 소유했다.

5~9개 : 주의력 결핍 초기. 약간의 집중력만 기르면 당신의 인생은 더욱 활력에 넘치며 긍정적으로 개선될 것이다.

10~14개 : 주의력 결핍 중기. 일과 인생에서 조금씩 삐걱거리며 주도권을 잃어가고 있다. '창조적 단절'의 의미를 돌이켜보지 않으면 다음 해당사항처럼 심각한 일이 발생할 것이다.

15개 이상 : 주의력 결핍 말기. 당신은 심한 조급증 때문에 어떤 일에도 집중할 수가 없다. 열심히 바쁘게 살고 있으나 성과는 적어 상실감에 빠져 있다. 지금 당장 TV든 인터넷이든 끄고 고요 속에서 인생의 전반적인 태도에 대해 고민하라.

망설이고 우유부단한 삶은
언제나 그 자리일 뿐이다

살아가는 동안에 어느 곳으로 가야 할지,
어떤 길로 들어서야 할지 모를 때가 오면,
그 잘못은 바로 자기 자신에게 있다.
문제가 자기 자신에게 있다면
이런 힘들고 어려운 상황을
바로잡아 줄 수 있는 방법 또한
다른 사람이 아닌 자기 자신에게 있다.

– 랠프 트린

한 여인을 흠모하는 청년이 있었다. 그 청년은 여인에게
사랑하는 마음을 전하고자 했으나 사랑한다는 말이 입 밖으
로 나오지 않았다. 내일은 고백해야지 다짐하지만 막상 날이
밝아오면 용기가 나지 않는다. 고백도 못하고 망설이는 나날
이 계속되고 이제는 더 이상 미룰 수 없다는 생각에 말을 꺼

내려는 찰나, 다른 청년이 먼저 고백을 해버렸다. 그녀는 잘 생기지도 않았고 가진 것도 하나 없는 이의 고백을 받아들였다. 그의 용기가 맘에 들었던 것이다.

청년은 이미 떠나버린 여인을 향해 소리쳤다.

"사랑합니다. 사랑한단 말이에요."

뒤늦게 무슨 소용이 있겠는가. 망설이다가 후회만 남고 결국 청년은 닭 쫓던 개 지붕 쳐다보는 꼴이 되고 말았다.

어떤 사람은 청년을 한심한 눈으로 쳐다보며 이렇게 말할지도 모른다.

"바보 같은 녀석, 우물쭈물하다가 꼴 좋다!."

맞는 말이다. 우물쭈물하다가 결국 좋은 인연을 남에게 빼앗기고 말았다.

그런데 잘 생각해 보면 우리의 모습은 청년과 별반 다를 것이 없다.

많은 사람들이 중요한 선택 앞에서 망설이고 갈팡질팡하다 시간만 보낸다. 어렵게 선택을 했다가도 확신이 없어 수시로 바꾸고 중도에 그만두기도 한다. 용기가 없는 청년은 바로 나와 당신의 모습이다.

'우물쭈물하다가 내 이럴 줄 알았다!'

우리는 늘 선택의 기로에 놓여 있다. 일상에서도 선택의 문제는 계속된다.

지하철 안에서 상인이 천 원짜리 아이디어 상품을 판매하고 있다. 가만 보니 평소 있었으면 하던 물건이다. 그런데 사고는 싶지만 선뜻 나설 수가 없다. 괜히 창피하다는 생각이 든다. 살까말까 망설이는 사이, 상인은 다른 칸으로 가버린다.

"에이, 이런!"

뒤늦게 후회해봤자 소용없다.

겨울이 끝나고 봄이 왔다. 화사한 봄옷 하나 장만하기 위해 백화점에 갔다. 여기저기 매장을 돌아다녀도 맘에 드는게 없다. 그런데 한 매장에서 맘에 드는 옷을 발견했다. 입어보니 마음에 든다. 그런데 쉽사리 마음의 결정을 내리지는 못한다. 어딘가 더 맘에 드는 옷이 있을 것만 같다. 그 옷을 내려놓고 일단 다른 매장으로 간다. 다른 매장을 둘러보았지만 그다지 눈에 띄는 옷이 없다. 아까의 그 매장으로 다시 왔다.

"제가 조금 전에 입었던 옷 어디에 있어요?"

점원이 미안한 표정을 지으며 말한다.

"손님, 죄송합니다. 다른 손님이 금방 사가셨고 그 상품은 품절입니다."

영국의 극작자이며 소설가인 버나드 쇼는 임종 전 묘비명에 아래와 같은 문구를 새기도록 유언을 남겼다.

'우물쭈물하다가 내 이럴 줄 알았다!(I knew if I stayed around long enough, something like this would happen)'

그는 세상을 향한 날이 선 비평으로 이름을 날렸으며 〈워런 부인의 직업〉, 〈범인과 초인〉, 〈시저와 클레오파트라〉 등의 작품을 남겨 1925년 노벨 문학상까지 수상했다. 나름대로 치열하고 바쁘고 자신의 판단에 따라 망설임 없이 살아왔던 그가 왜 이런 문구를 임종 전에 남긴 걸까?

우리는 길고 긴 망설임 끝에 손을 내밀기도 한다. 그러나 때는 이미 늦다. 그 손을 잡아줄 사람은 이미 떠나고 없다. 결국, 망설임은 자기 자신을 위한 일도 남을 위한 일도 아니다. 우왕좌왕하면 모든 것을 잃는다.

버나드 쇼는 사람들에게 그 메시지를 주고 싶었던 게 아닐까.

사마광이 던진 돌멩이의 화두

중국 송나라의 시인이자 뛰어난 정치가 사마광이 어렸을 때의 일이다.

한 아이가 놀다가 물이 꽉 찬 항아리 속으로 빠지고 말았다. 아이는 거친 숨을 몰아쉬며 소리쳤다.

"살려주세요. 저 좀 꺼내주세요."

주위 사람들은 난감한 표정을 지으며 어쩔 줄 몰라했다.

"어떻게 하지? 큰일이네."

"잘못하면 항아리가 깨질지도 몰라."

살려달라는 아이의 비명은 점점 커지는데 사람들은 허둥대기만 할 뿐 아무도 앞으로 나서지 않았다.

어린 사마광이 땅에 있는 돌멩이를 주워들고는 항아리를 향해 힘껏 던졌다. 항아리가 쨍그랑 소리를 내며 깨졌다. 항아리에 있던 물이 쏟아지면서 그 아이는 무사할 수 있었다.

어린 사마광이 던진 돌멩이는 항아리만 깬 것이 아니라, 난감한 표정으로 어쩔 줄 몰라하던 사람들의 마음을 깨트린 것이다.

나폴레온 힐이 강철왕 카네기를 만났을 때

20세기 최고의 성공학 연구가인 나폴레온 힐은 다음과 같이 말했다.

"결단의 결핍, 즉 우유부단이야말로 성공을 가로막는 최대의 적이다. 성공하는 사람들은 신속한 결단력을 가지고 있다. 반면 부를 축적하는 데 실패한 사람들은 예외 없이 결단이 느리다."

이 말에 설득력을 실어주는 아주 유명한 일화가 있다.

나폴레온 힐이 조지타운 법대에 다니고 있을 때였다. 그는 성공한 사람들을 인터뷰하고 기사 쓰는 일을 했는데 어느 날 당대 세계 최고 부자인 강철왕 카네기와 인터뷰 할 기회를 얻게 되었다.

인터뷰는 세 시간 넘게 진행되어 날이 저물었다.

"카네기 대표님, 제가 바쁜 분을 너무 오래 붙잡고 있었습니다."

"아닐세. 자네랑은 말이 좀 통하는 것 같군. 우리 집에 가서 식사라도 하면서 얘길 더 나눌까?"

"예, 그러면 저야 영광이죠."

둘은 시간 가는 줄 모르고 대화를 이어나갔다. 하루가 지나고 이틀이 지나고 사흘째가 되어도 대화는 계속되었다.

"힐, 내 자네에게 제안 하나 해도 될까?"

"예, 대표님. 말씀하십시오."

"자네가 내 성공철학을 책으로 정리해 줬으면 하네. 또한 나 외에 성공한 사람들을 만나 인터뷰를 해서 성공 프로그램을 만들었으면 좋겠네. 내 소개장만 있으면 사람을 만나는 데 어려움은 없을 걸세. 일단 500여 명 정도? 그런데 이 작업이 쉽진 않을 거야. 한 20년 정도는 걸리지 않을까? 어떤가, 할 수 있겠나?"

나폴레온 힐은 조금도 망설이지 않았다.

"예, 할 수 있습니다."

"난 자네에게 아무런 금전적인 지원도 하지 않을 걸세. 그래도 하겠나?"

그는 잠시 머뭇거리는 듯하더니 이내 고개를 끄덕였다.

"예, 하겠습니다. 제가 꼭 해내고 말겠습니다."

카네기의 얼굴에 흐뭇한 미소가 떠올랐다.

"자네가 '예'라고 대답하는 데 딱 29초 걸렸군. 만약 1분이 넘었다면 자네가 한다고 해도 제안을 철회할 셈이었네. 인생에 있어서 결단력만큼 중요한 건 없지."

사실, 카네기는 나폴레온 힐 이전에 많은 사람들에게 똑같은 제안을 했지만 그 누구도 1분 안에 대답을 하지 못했다.

나폴레온 힐은 카네기와의 약속을 지켰다. 카네기의 성공 철학을 정리했고 또 다른 성공한 사람들을 만나 성공 프로그램을 완성해 갔다. 그렇게 해서 탄생한 책이 바로 《생각하는 대로 이루어진다(Think & Grow Rich)》이다. 이 책은 전 세계적으로 수천만 권이 팔려나갔고 나폴레온 힐은 돈과 명성을 한꺼번에 얻게 되었다.

만약 나폴레온 힐이 카네기의 제안에 바로 대답하지 않고 망설였다면 그는 천재일우의 기회를 놓쳤을 것이다.

신중함의 착각과 망설임을 거부하는 용기 사이에서의 선택

무언가를 선택하고 결정을 내려야 할 때 경솔해선 안 된다. 꼼꼼히 점검하고 다시 한 번 생각해서 신중히 결정을 내려야 한다. 한 번의 선택이 인생의 향방을 바꿀 수도 있기 때문이다. 그러나 알아둬야 할 게 있다. 오랜 시간을 들인다고 해서 반드시 성공이 보장되는 건 아니다. 지나친 신중함은 망설임으로 이어지고 결국 아무것도 결정하지 못한 채 우유부단의 늪에 빠지고 만다.

논어(論語) 공야장편 제20장에 나오는 글이다.

季文子 三思而後行 子聞之 曰再思可矣
계문자 삼사이후행 자문지 왈재사가의

중국 춘추시대 노나라의 귀족 계문자는 일을 하기에 앞서 세 번 생각한 뒤에야 일을 진행했다. 계문자가 평소 결단력이 부족하다는 얘기를 듣고 공자가 "두 번 생각하면 되는 것이다. 너무 지나치게 생각하면 우유부단해진다"고 충고한 일화이다.

지나친 망설임은 새로운 일을 시작하는 데 방해가 된다. 망설이다가 후회와 자책만 남기기보다는 과감히 결단하고 자신의 선택에 확신을 갖고 행동하는 것이 좋다. 행운과 성공은 망설임을 거부하는 용기 있는 자에게 찾아온다. 설령 실패한다 해도 망설이다가 아무것도 하지 않는 것보다는 훨씬 가치 있다. 결단과 실행이 바로 당신의 인생을 바꿀 것이다.

Question for you

1
2
3

[Self development note]
결단을 방해하는 요소

1. 중차대한 결단은 심사숙고할 수밖에 없다
점심식사로 짜장면을 먹을까, 짬뽕을 먹을까 하는 고민은 사실 고민 축에도 끼지 않는다. 그것을 결정하지 못하고 망설인다고 한들 운명이 뒤바뀌거나 인생이 달라지진 않는다.

그러나 중차대한 일은 다르다. 어떤 것을 선택하느냐에 따라 인생이 달라진다. 그러기에 중요한 선택 앞에서는 당연히 망설이게 되어 있다. 혼자 결정을 내리기 부담스럽다면 주위 사람들의 조언을 구하는 것도 하나의 방법이다. 조급하게 선택을 했다간 더 큰 화를 자초할 수 있으니 충분히 생각한 후 의견을 조합해 결단을 내리는 것도 때론 필요하다.

2. 하기 싫은 일은 자꾸 미루게 된다

좋아하는 일은 누가 시키지 않아도 알아서 한다. 그러나 하기 싫은 일을 해야 한다면 그것만큼 곤혹스러운 건 없다. 하기 싫은 일은 당연이 미루게 되고 결단 역시 늦어지게 된다. 의욕을 불러일으킬 수 있는 일을 찾는 것이 인생을 즐겁게 살고 망설임 없이 결단을 내리게 하는 방법일 것이다.

3. 과거에 대한 상처는 결단을 방해한다

우리 속담에 '자라 보고 놀란 가슴 솥뚜껑 보고 놀란다'는 말이 있다.

과거의 아픈 기억이나 상처는 오래 간다. 분명한 건 과거는 과거일 뿐이다. 과거의 경험과 실패에 집착하면 앞으로 나아갈 힘을 잃어버리게 된다. 과거를 버리는 순간, 오늘을 맞이할 수 있고 오늘의 결단에 힘을 실을 수 있다.

4. 책임감 없는 선택은 만용이다

어떤 일을 선택하면 이익을 낼 수도 있고 손해를 볼 수도 있다. 이익만 내는 선택을 하기는 어렵다. 신중히 선택한다고 해도 때론 손해를 볼 수도 있다. 선택하면 그에 따르는 대가를 지불해야 한다. 손해도 감수하고 비난도 감수해야 한다. 또한 자신이 선택한 일에 책임져야 한다. 책임감 없는 선택은 비겁한 만용에 불과하다.

인간은 사는 동안 몇 개의 단계를 반드시 거친다.

아기, 아이, 어른, 노인.

하지만 인간이 어느 단계에 있든지 간에

그는 언제나 자신을 '나' 라고 말한다.

또한 '나' 는 그에게 있어서는 항상 같다.

아이이거나 어른이거나 노인이거나

똑같이 '나' 로 존재한다.

그리고 이 변하지 않는 '나' 가 바로

우리들이 '영혼' 이라 부르는 것이다.

– 레오 톨스토이

part02

나를 알아가고 나를 뛰어넘는 시간

발전하는 나

삶이란 자신의 본질과
길을 찾아가는 과정이다

어디서 왔는가 하는 것은
문제가 되지 않는다.
또한 얼마나 빨리 가는가도 문제가 되지 않는다.
핵심적인 문제는 무엇 때문에 왔으며,
어디로 가고 있는가 하는 것이다.

– 그릴리

택시를 타면 기사가 손님에게 건네는 말이 있다.

"손님, 어디까지 가십니까?"

목적지를 물어보는 것이다. 그러면 당연히 손님은 목적지
를 말한다.

"예, 강남역으로 가주세요."

그러면 기사는 가속페달에 발을 얹고 목적지를 향해 달리

기 시작한다.

그런데 만약 기사가 손님에게 목적지를 물어봤는데 손님이 아무 대답도 하지 않는다면 어떻게 될까?

"손님, 어디까지 가시냐고요? 목적지를 말씀해주셔야 출발할 것 아닙니까."

목적지도 말하지 않는 손님을 어디로 데려다 줘야 할까? 아무리 독심술이 뛰어난 기사라도 손님의 목적지를 알 순 없다. 결국 그 손님은 택시에서 내려야 한다.

우리들은 오늘도 인생의 택시를 타고 있다. 어떤 사람은 목적지를 향해 열심히 달려가고 있고 또 어떤 사람은 길을 잘못 들어 헤매고 있다. 또 목적지조차 정하지 못해 아직 출발조차 못한 사람도 있다. 목적지를 정한 사람은 그나마 전진할 수 있지만 목적지를 정하지 않은 사람은 앞으로 나아갈 수 없다. 앞으로 나아간다고 해도 그건 방황의 시간일 것이다. 목적지가 없으면 작은 시련이나 실패에도 모든 걸 금방 포기하고 만다.

삶에 있어서 목적이 있어야 함은 아무리 강조해도 지나치지 않다. 그런데 목적이 있다고 해서 모든 문제가 해결되는 건 아니다. 그보다 중요한 건 '왜' 그것을 이루고 싶은지에 대한 진지한 자기철학과 모색이다.

우리는 어릴 때부터 목적이나 꿈을 정하는 것에는 일단 익숙해져 있다.

"너 커서 뭐가 될 거니?"

"저는 대통령이요."

"저는 과학자요."

"저는 축구선수요."

대답은 쉽게 하지만 정작 왜 그것이 되고 싶은가에 대한 진지한 고민은 없다. '왜'에 대한 생각이 없다면 목적을 이룬 후에도 불안과 허무는 계속된다.

대부분 사람들은 삶의 목적을 성공에 두고 있다.

성공이란 무엇일까? 27세에 백만장자가 된 자기계발의 대가인 폴 J. 마이어는 성공에 대해 "미리 설정한 가치 있는 목표를 점진적으로 실현해 나가는 것"이라고 정의했다. 부단한 노력과 강한 의지로 목적지로 조금씩 다가가며 느끼는 그 기분은 그 무엇과도 바꿀 수 없을 것이다.

지금 이 순간에도 수많은 사람들이 성공을 꿈꾸며 목적지를 향해 달려가고 있다. 그런데 사람들이 원하고 추구하는 성공이라는 것이 돈이나 지위, 명예 등과 같은 외적인 성취에 치우치는 경향이 있다. 물론 그러한 것들이 중요한 부분이긴 하지만 그게 인생의 전부일 순 없다.

진정한 의미의 성공

성공에 대해 다시 한 번 생각해 보자. 당신은 왜 성공하고자 하는가?

결국은 성공도 행복해지기 위한 것이고 자신의 본질을 찾아가는 과정일 것이다. 내가 누구인지, 내가 진정으로 원하는 것이 무엇인지를 아는 것이 진정한 의미의 성공일 것이다.

이와 관련하여 시사풍자 개그를 특히 잘하는 개그맨 노정렬의 경우를 살펴보자.

1996년 MBC 신인개그맨으로 선발되었을 때 노정렬은 유독 언론의 주목을 받았다. 서울대학교 신문학과를 나왔으며 1994년 행정고시에 합격해 국무총리실에서 근무한 독특한 이력 때문이었다. 왜 그는 그 좋은(세속적인 기준에서) 자리를 박차고 나와 개그맨이 되었을까?

한 언론과의 인터뷰에서 그는 개그맨이 된 이유를 "공무원 생활이 적성에 맞지 않고, 국민을 즐겁게 하는 게 더 큰 일이라고 생각한다"고 말했다. 그에게 성공의 기준은 세상보다는 자신의 내면에 맞춰져 있었던 것이다.

"어떤 인생이든 인생은 인생이다. 자신의 가슴에서 울려 나오는 소리를 따라 인생을 걸어가는 사람은 아무리 비참한 삶을 살지라도 그 삶은 천한 것이 아니다. 인생의 모든 길을 주의 깊게 살펴라. 인생의 여로를 떠나기 전 자신이 꼭 그 길을 걸어가야 하는지 깊이 생각하라. 그러고 나서 마지막으로 자신에게 한 가지 질문을 해보라. 이 길이 과연 자신의 가슴이 걸어가라고 재촉하는 길인가를."

돈 후안의 말이다.

이 길이라면 다른 것들을 버릴 수 있는 용기도, 이 길이 아니라면 과감히 등을 저버릴 수 있는 용기도 필요하다. 용기라는 것은 어쩌면 '때문에' 무엇을 하는 게 아니라 '그럼에도 불구하고' 과감히 뛰어드는 열정이 아닐까 생각된다.

열정은 곧 인생이고 선택의 기준이 된다. 독립영화 〈파수꾼〉으로 이름을 알린 후 영화 〈고지전〉으로 각종 신인상을 모두 거머쥐고 충무로의 기대주가 된 이제훈이 한 언론과의 인터뷰에서 한 말이다.

"우선 나를 객관적으로 바라보려고 했어요. 그러곤 물었죠. '너 꼭 하고 싶니? 할 수 있겠니? 늘 선택을 받아야 하는 배우란 직업의 스트레스와 압박을 견딜 수 있겠어?' 그런데 연기하는 순간의 내가 살아 있다는 느낌을 버릴 수가 없었죠. 최선을 다한다면 원하는 것을 당장 얻지 못해도 경험이 쌓이면서 무엇이든 할 수 있는 자신감을 얻지 않겠느냐는 것이죠. 그렇다면 인생에서 치를 만한 가치가 충분한 기회비용이라고 생각했죠."

하나를 얻으면 하나를 버려야 하는 건 당연한 이치다. 그렇다면 당신은 지금 어떤가? 무언가를 얻기 위해 무엇을 버릴 수 있는가. 버려야 하는 것이 아깝지 않을 정도로 그 무엇을 간절히 바라고 꿈꿔온 적이 있는가?

가슴을 뛰게 하고 설레게 하는 그 무엇이 있다면 당신의 삶은 지금 제대로 가동 중이다.

온 국민이 존경하는 고 김수환 추기경도 자신이 원하는 길을 찾는 데 우여곡절이 많았다. 처음부터 그가 사제의 길을 선택한 건 아니었다. 그의 어릴 때 꿈은 장사꾼이었다고 한다.

"엄마, 저는 읍내 상점에서 일하면서 장사 기술을 배울 거예요."

읍내에 멋진 가게를 차려 돈을 아주 많이 버는 것이 그의 꿈이었다.

그러나 엄마의 생각은 달랐다.

"수환아, 난 네가 성직자가 되었으면 좋겠구나."

엄마의 권유대로 소년 김수환은 대구 성 유스티노 신학교에 진학했다. 그러나 그는 규율이 너무 엄격한 학교생활에 잘 적응하지 못했다. 새벽 일찍 일어나 기도를 해야 하고 친구들이랑 장난치는 걸 용납하지 않는 분위기였다.

'어떻게 하면 이 학교를 벗어날 수 있을까?'

그의 머릿속엔 온통 이 생각밖에 없었다. 꾀병을 부리고 학교를 안 나간 적도 있었다. 그런데 꾀병이 현실이 되어 콧

병이 심각했다. 결국 치료를 위해 한 학기 쉬게 되었는데 많은 생각을 하게 된 계기였다.

'왜 장사꾼이 되고 싶은 거지? 단지 돈을 위해서? 폼 나게 살려고? 돈 많이 벌고 폼 나면 정말로 행복할까? 내가 가야 할 길은 뭘까?'

깊은 고민 끝에 그는 자기 안의 '나'를 만날 수 있었고 진짜 자신의 대답을 들을 수 있었다.

결국, 그는 사제의 길을 택했고 그 선택은 본인은 물론이고 세상 사람 모두를 행복하게 만들었다.

인생의 길에서 방황할 때, 누군가의 조언이나 권유도 중요하다. 그러나 가장 중요한 건 자신의 선택이다. 어떤 선택을 해야 할지 정말로 혼란스럽고 흔들릴 때 마음이 가리키는 곳으로 가는 게 가장 행복한 선택일 것이다.

진정으로 원하는 일을 꿈꾸면 그것은 꼭 이루어진다. 이루어지는 결과물보다 늘 과정의 물결이 앞서고 과정의 물결은 또 간절한 마음의 물방울로 채워지기 마련이다.

오늘 밤, 당신은 만나야 한다. 당신 안에 있는 불안한 나, 혼란스러운 나, 변덕스러운 나, 갈 길 잃은 나를.

만나서 많은 질문과 대답을 주고받기 바란다. 그 질문과 대답 속에서 당신은 마음의 물방울을 만남과 동시에 성장할 것이고 꿈과 성공을 뛰어넘는 아름다운 행복의 길을 분명 발견할 것이다. 누가 뭐래도 당신의 인생은 당신의 것이니까!

Question for you

1 ....

2 ....

3 ....

[Self development note]
결국은 그 길을 가게 된다

우리는 종종 길을 잃고 헤매곤 한다.
내면의 목소리는 진짜 중요한 것이
무엇인지 끊임없이 말해주지만
짐짓 못 들은 척 외면하기도 한다.
그렇게 서서히 '내가 이곳에 태어난 이유'가 희미해진다.

아이는 어느새 성인이 되고, 눈앞의 현실적인 문제에 쫓겨
아무렇게나 선택하고 심지어 강요당하기까지 한다.
결국 내가 이곳에 태어난 이유는
단지 '먹고살기 위해서'가 되어버리고 만다.
그리하여 나의 꿈이 아닌,
다른 사람의 꿈을 실현시키기 위해
어릴 적 꿈을 애써 잊고 지낸다.

순진하고 꿈에 부풀었던 어린시절은
이제 망각의 세계 저편으로 밀려가고 만다.
꿈은 사라졌다. 과연 꿈은 사라진 것일까?
이집트에서는 3천 년 전의 씨앗이 되살아나 꽃을 피우기
도 한다.
황무지 같은 사막이라도 큰비가 내리면
금세 싹이 돋고 꽃이 피어난다.

어린시절 우리를 이끌었던 내면의 부름은
여전히 그 자리에 있다. 재능을 발휘하고자 하는
본연의 욕망은 얼마든지 되살아날 수 있다.

– 리처드 J. 라이더 《마음이 가리키는 곳으로 가라》 중에서

자기만의 삶의 원칙을 정하면
더 이상의 고민과 갈등은 없다

배운다는 것은 당신이 이미 아는 것을 찾아내는 것이다.
행한다는 것은 당신이 알고 있음을 증명하는 것이다.
가르친다는 것은 다른 사람들에게
그들도 당신만큼 알고 있다는 사실을 다시 일깨워 주는 것이다.
당신은 배우는 자이며, 행하는 자이며, 가르치는 자이다.

– 리처드 바크

1900년대 초, 볕 좋은 어느 날 삼선평(서울 성북구 삼선교 부근) 공터의 풍경이다.

건장하게 생긴 청년 사오십 명이 모였다. 청년들은 대한체육구락부와 황성기독청년회의 회원들이다. 공터에는 아이들은 물론이고 마을 어르신들도 꽤 많이 모였다.

이렇게 사람들이 많이 모인 이유는 두 팀이 최초로 축구경기를 하기 때문이다.

공터 한가운데 청년들이 나란히 섰다. 청년들은 상투에다 한복 차림이었다. 그리고 짚신 축구화를 신고 있었다. 호루라기 소리와 함께 축구시합이 시작되었다.

"여기야, 공 여기로 전달해."

"좋았어. 더 빨리 뛰어."

"짚신이 날아갔잖아!"

축구공을 먼저 차려고 청년들이 먼지를 일으키며 우르르 몰려들었다. 한 청년이 축구공을 몰고 골대 쪽으로 향했다. 골대에는 골키퍼 두 명이 서 있었다.

"문지기가 두 명이면 어떻게 해!"

"사람들이 이렇게 많은데 문지기도 두 명은 있어야지."

문지기가 몇 명이 맞는 건지 그 누구도 알 수 없었다. 결국, 청년들은 서로 몸싸움을 하며 자기주장만 해댔다.

"그나저나 이 경기 언제 끝나는 거야?"

"그러게 말이야. 숨이 차서 더 이상 못 뛰겠어."

"그럼 우리 그만할까."

연장자가 "그만!"이라고 소리치자, 그제야 경기가 중단되었다.

이게 바로 1900년대 초 우리나라 최초 축구경기의 모습이다. 그때까지만 해도 경기 규칙이 제대로 틀을 갖춘 게 아니어서 모든 게 혼란스러웠다. 1920년대 초가 되어서야 비로소 국제적으로 통용되는 규칙 하에 제대로 된 축구경기가 열렸다.

규칙이 없으면 우왕좌왕하게 된다

축구경기에는 규칙이 있다. 출전 선수는 11명씩 한 팀을 이루고 두 팀이 겨룬다. 경기시간은 전·후반 경기를 각각 45분씩으로 하고, 그 중간에 15분을 초과하지 않는 휴식시간이 있다. 양 팀은 후반전에 진영을 바꾸어 공격한다. 선수 중에 골문을 지키는 골키퍼만이 팔과 손으로도 공을 건드릴 수 있으며 나머지 선수들은 팔과 손을 제외한 신체부위로만 공을 다룰 수 있다. 거친 몸싸움이나 태클은 반칙이며 반칙의 정도가 심하면 경기도중 퇴장을 당하기도 한다. 경기장 양끝에 설치된 골대 안에 공을 많이 넣은 팀이 이긴다.

축구경기뿐 아니라 모든 스포츠 종목에는 규칙이 있다.

규칙이 없다면 아마도 경기는 진행될 수 없을 것이다. 설령 진행된다고 해도 그 경기가 어떻게 될지 불을 보듯 뻔하다. 경기 중 마찰이 생길 것이고 순식간에 무법천지가 되어 결국 그 경기는 싸움판으로 변할 것이다. 이런 사태를 막기 위해 규칙이란 게 필요한 것이다. 그렇다면 운동경기에만 규칙이 필요한 걸까?

원칙은 명쾌하다

우리의 인생에도 삶의 원칙이 필요하다. 내 삶을 위해 무엇이 필요하고 바른 길을 가려면 어떤 선택을 해야 하고 위기가 닥쳤을 때 어떻게 극복하는지에 대한 판단 기준이 되는 원칙이다.

원칙이 없으면 고민이 많아지고 갈등이 찾아온다. 특히 유혹 앞에서 쉽게 무너진다.

"뭐 어때? 이번 한 번만은 괜찮을 거야."

"남들도 다 이러는데, 무슨 대수야!"

원칙이 없는만큼 삶은 더 고달프다. 줏대가 없고 귀가 얇

아서 왔다갔다, 이랬다저랬다 쉽게 꾐에 넘어가 결국 그릇된 선택을 한다. 자신의 삶만 힘든 게 아니라 다른 사람의 삶도 힘들게 하는 것이 문제다.

원칙이 제대로 서 있는 사람은 마음의 고민이나 갈등이 적다. 무슨 일이든 명쾌하다.

《자기혁명》의 저자이며 시골의사로 잘 알려진 박경철은 삶의 원칙에 대해 이렇게 말한다.

"가을 낙엽처럼 바람에 이끌리고, 죽은 물고기처럼 물살에 이끌리고 있지는 않은지, 화두를 던져보고 싶었어요."

뿌리가 깊고 강한 나무는 그 어떤 바람에도 꺾이지 않고 의연한 자세로 삶을 살아가듯, 삶의 원칙이 굳건하면 그 어떤 유혹이나 간섭에도 흔들리지 않고 주체적으로 판단한다. 그 누구에 의한 삶이 아닌 온전히 나 자신의 삶을 살 수 있다.

원칙에 의거한 안철수의 선택

어떤 유혹에도 흔들림 없이 자신이 정한 원칙을 믿고 꿋꿋하게 자신의 길을 가는 사람들이 있다. 안철수 교수도 자신이 정한 원칙대로 삶을 살아가는 대표적인 인물이다.

1995년, 안철수는 서울 서초동의 허름한 뒷골목에 컴퓨터 바이러스 백신개발 회사 '안철수 연구소'를 열었다. 그러나 백신을 무료로 배포한 탓에 회사 사정이 어려웠다. 좋은 기회가 왔다. 한국 마이크로소프트사에서 한국윈도 95를 발표했는데 안철수 연구소에서 개발한 백신을 기본 탑재하기로 한 것이다. 지금 사정은 좀 나아지긴 했지만 회사의 미래는 여전히 불투명했다.

그러던 어느 날, 세계 최대 컴퓨터 바이러스 백신회사인 '맥아피'에서 안철수를 초대했다. 안철수는 초대에 응했고 며칠 후, 빌 라슨 회장과 만남을 가졌다.

"어서 오세요, 안 소장님. 어려운 발걸음 해주셔서 감사합니다."

"아닙니다, 회장님. 세계적인 기업의 회장님께서 저를 초대해주시니 오히려 제가 영광입니다."

인사가 끝나자마자, 빌 라슨 회장은 진지한 표정을 지으며 입을 열었다.

"안 소장님을 뵙자고 한 이유를 말씀드리겠습니다. 저희는 이미 일본의 유일한 백신회사를 사들였습니다. 일본에 이어 곧 한국으로 진출하려는데 안 소장님께서 개발하신 백신 프로그램 'V3'가 탐이 납니다. 어떻습니까?"

"예? 무슨 말씀입니까?"

"저희에게 파십시오. 100억 원 드리겠습니다."

안철수는 눈앞의 상황이 믿어지지 않았다. 100억은 천문학적인 액수다. 1억도 많은데 100억이라니!

"어떻습니까? 그 정도면 충분할 텐데."

안철수는 일말의 갈등도 없이 한마디로 거절했다.

"제안은 고마우나 거절하겠습니다. 백신을 판다면 저 개인적으로야 막대한 이익을 보겠지만 결국 그 피해는 우리 국민에게 돌아갈 것입니다. 죄송합니다."

엄청난 돈의 유혹을 뿌리친다는 게 쉽지 않은 일인데 안철수는 단호했다. 당장의 이익보다는 더 큰 미래를 생각한 결단이었다. 본질과 과정에 충실하면 좋은 결과가 따라오리라는 자기만의 삶의 원칙이 확고했기에 그런 결정을 내릴 수 있었다. 남들에게는 너무나도 어려운 숙제였을지 모르지만 그에겐 너무나도 쉬운 숙제였을 것이다.

남을 의식하는 순간, 나의 의식은 흔들린다

삶의 원칙은 자기만의 기준이 있어야 한다. 다수가 정해 놓은 기준보다 중요한 게 자신의 생각이고 철학이다. '글로 벌 스탠다드(global standard)' 시대라 말하지만 인생은 그렇지 않다. 공장에서 찍어내는 공산품이 아니기에 그만큼 개개인 의 생각과 철학이 존중받아야 하고 더 가치가 있다. 당신이 정한 삶의 원칙이 곧 당신의 인생이고 당신 자신이 된다. 남 을 의식할 필요도 없다. 남을 의식하기 시작하면 당신의 신 념이나 가치관이 혼란에 빠지게 되고 결국 남에게 보이기 위 한 삶으로 전락하고 만다.

위대한 초월주의 철학자이며 자연과학자이기도 한 《월 든》의 저자 헨리 데이비드 소로는 이렇게 말했다.

"나는 누군가에게 강요당하기 위해 이 세상에 태어난 것 이 아니다. 나는 내 방식대로 숨을 쉬고 내 방식대로 살아갈 것이다. 누가 더 강한지는 두고 보자. 다수의 힘이 무엇인 가? 그들은 내게 자신들과 똑같은 사람이 되라고 요구한다. 나는 참다운 인간이 군중의 강요를 받아 이런 식으로 또는 저런 식으로 살았다는 이야기를 들어본 적이 없다. 그런 식의 삶이 대체 어떤 삶이겠는가?"

당신에게 어울리는 삶의 원칙을 세우고 그 원칙 매뉴얼에 따라 생각하고 판단하고 결단한다면 당신의 마음은 잔잔한 호수처럼 평화로울 것이다. 자신이 가고자 하는 길에서 벗어나지 않고 또한 정말로 자신의 삶을 살아갈 수 있을 것이다.

당신은 그런 원칙을 가졌는가?

Question for you

1

2

3

[Self development note]
삶의 기준을 세우는 기준

1. 우선순위를 정하라

'왜 사는가?'에 대해 먼저 생각한다. 명예 때문에 사는 사람도, 돈 때문에 사는 사람도 있다. 행복 때문에 사는 사람도 있을 것이다. 선택의 기로에 섰을 때 그 기준이 분명하지 않으면 망설임은 길어진다. 결국, 타의에 의해 분위기에 휩쓸려 그릇된 선택을 하기 쉽다. 그렇게 된다면 남의 인생을 대신 사는 것과 무엇이 다른가? 온전한 나의 삶을 위해서라면 선택은 내 스스로 해야 하며 무엇이 가장 중요한지 우선순위를 정해놓는 것이 좋다.

2. 마음속 멘토를 떠올려라

나의 길, 나의 선택 앞에서 혼란스러울 때가 있다. 그럴 때는 자신의 마음속 멘토를 떠올려라. '만약 그 사람이었다면 어떤 결정을 내렸을까?' 내가 떠올린 그 사람에게 부끄러운 선택이 아닌지 생각해 보라. 그러면 어떤 결정을 내려야 할지, 어떤 삶을 살아야 할지 조금은 분명해질 것이다.

3. 장기적인 시각이 필요하다

당장의 이익보다는, 당장의 만족보다는 장기적인 관점에서 판단해야 한다. 당장 눈앞에 보이는 것에 연연하다 보면 자칫 그릇된 결정을 내리기 쉽다.

인생은 짧지만 또 길다. 한 번뿐인 인생 내가 가장 행복할 수 있고 부끄럽지 않은 길이 뭔지 늘 생각한다. 간절히 원하는 것들은 조금 멀리 떨어져 있다. 먼 곳에 있긴 하지만 그 것들은 대부분 진실하고 아름다우며 바로 내 삶의 기준이 된다.

자신이 처한 상황을 어떻게
해석하느냐에 따라 인생이 달라진다

오늘은 새로운 날이다.
오늘 쏟아 넣은 것은 어떤 것이든 다시 끄집어 낼 수 있다.
가령, 실패를 경험했다고 할지라도
우리에게는 또 다시 도전해 볼 기회가 있는 것이다.
그리고 몇 번이나 되풀이하여 실수를 했다고 치더라도
언제나 다시 출발해 볼 수 있는 충분한 기회가 있는 것이다.
실패라는 것은 스러지는 것이 아니라
잠시 정지하는 것이기 때문이다.

– 메리 픽포드

인생에서 누구도 피해갈 수 없는 게 있다. 예기치 않은 불
행이다. 내가 겪을 일들을 미리 안다면야 잘 대처하거나 피
해가면 된다. 다음날 아침, 길을 걷는데 갑자기 차 한 대가
덤벼들 거라는 걸 미리 안다면 아마도 그 길로 안 가고 다른

길을 선택할 것이다. 또 계단을 서너 개씩 뛰어오르다가 발목을 접지를 줄 미리 안다면 한 계단 한 계단 조심하며 오를 것이다. 하지만 내일 일을 알 수 없는 게 인생이다. 5분 후의 일도 알 수 없다.

살아가면서 피해 갈 수 없는 상황은 계속될 것이다. 그렇다면 중요한 건 무엇일까? 바로 자신이 처한 상황을 어떤 태도로 대처하느냐의 문제가 아닐까.

우리는 왜 소년의 낙관을 잃어버린 걸까?

한 심리학자가 상황에 따른 반응을 보려고 한 소년을 데리고 실험을 했다. 좁은 방에 아이를 혼자 있게 하고 방 한가운데에 말똥으로 만든 퇴비를 쌓아놓은 것이다.

소년은 한 시간 가량을 그 방에 있어야 했다. 방안은 쾌쾌한 냄새로 진동하고 소년은 손가락으로 코를 틀어박았다. 그러더니 잠시 뒤, 더러운 퇴비 더미를 손으로 파헤치기 시작했다.

한 시간 뒤 방에 돌아온 심리학자는 퇴비로 뒤범벅이 된

소년을 보고 놀랐다.

"너 지금 손으로 뭐해? 더럽지도 않니?"

그러자 소년은 천진난만한 목소리로 말했다.

"전 지금 중요한 걸 찾고 있어요."

"찾는다고? 도대체 뭘 찾는다는 거니?"

"조랑말이요. 이렇게 말똥이 많은 걸 보면 분명 어딘가에 조랑말이 숨어 있을 게 분명해요."

소년은 말똥을 보고 조랑말을 생각해냈고 긴 한 시간 동안 지독한 냄새도, 갇혀 있다는 생각도 모두 잊은 채 즐겁게 지냈다. 그 낙관은 어디서 온 것일까?

불리한 상황과 마주쳤을 때 왜 우리는 소년처럼 행동할 수 없을까? 왜 그렇게도 비관적인 것일까? 소년의 낙관을 우리는 언제 잃어버린 걸까?

상황을 대하는 태도의 차이가 인생을 결정한다

한 가난한 집안에 형제가 있었는데 같은 환경에서 자랐지만 훗날 그들은 아주 다른 삶을 살게 되었다.

형은 노숙을 일삼는 거지가 되었다. 동생은 교수가 되었다. 이 차이는 도대체 어디서 온 걸까?

기자가 먼저 동생을 찾아갔다.

"당신은 어떻게 해서 대학교수가 되었습니까? 여기까지 오게끔 했던 인생의 지표가 있습니까?"

동생은 고개를 끄덕이며 말했다.

"물론입니다. 어릴 적 저희 집 거실에는 'Dream is no—where(꿈은 어느 곳에도 없다)'이라고 적힌 액자가 걸려 있었습니다. 그런데 저는 그 액자의 문구를 띄어쓰기를 달리해서 봤죠. 그랬더니 'Dream is now here(꿈은 지금 여기에 있다)'로 바뀐 거예요. 그것을 매일 보면서 전 꿈을 키웠습니다."

그렇다면 거지가 된 형은 거실 액자 속의 글을 'Dream is no—where'로 읽었던 것일까?

마음에 무엇을 담느냐에 따라 우리의 인생은 달라진다. 같은 장독이라도 그곳에 된장을 담으면 된장독이 되고, 간장을 담으면 간장독이 된다.

혁명은 내 안에서부터, 지금 이 순간에

살다보면 숱한 시련과 아픔이 태클을 건다. 그런 순간 누구나 마음속에서 두 가지 마음, 부정과 긍정이 뒤엉켜 싸울 것이다.

부정적인 관점	긍정적인 관점
내 능력 밖이다	이 정도면 해낼 수 있다
왜 하필 나일까	그래, 이건 기회다
또 힘들겠군	발전의 계기가 될 거야
산 너머 산이야	일시적일 거야
누군가 대신 하겠지	내가 마무리해야지

부정과 긍정, 둘 중에 누구의 손을 들어주느냐에 따라 내가 달라지고 인생이 달라진다. 당신이라면 누구의 손을 들어줄 것인가? 긍정을 믿는 마음, 자기 자신에 대한 신뢰감은 결국 내 속에 있다.

부정적인 일에 대해 대부분의 사람들이 처음에는 비관적인 반응을 보인다. 모든 것이 다 자신 탓인 것만 같아 의욕이

꺾인다. 그럴 수도 있지만 그것이 계속 지속되고 되풀이된다면 곤란하다. 자칫 습관으로 굳어버리기 때문이다. 부정적인 일일지라도 낙관적으로 해석하고 계속 그 상황에만 빠져 있지 않고 멀리 내다보는 연습이 필요하다.

당신은 현재보다 더 나은 미래를 꿈꾸는가?

긍정적인 나로 태어나고 싶은가?

그렇다면 당장 지금 이 순간부터 시작해 보라. 세상 모든 일이 당신을 위해 돌아간다고 생각하라.

"비가 오니까 참 운치 있네."

"어휴, 차가 밀리네. 하여간 사람들도 참 부지런하지."

"나를 사랑하니까 하는 소리겠지."

"까다롭긴 해도 꼼꼼한 면은 참 배울 만해."

"그래, 좋아. 한 번 해보겠어."

인생은 정원과도 같다. 긍정의 씨앗을 뿌리면 긍정의 열매가 달리고 부정의 씨앗을 뿌리면 부정의 열매가 달린다. 오늘의 미미한 시작이 내 인생에 얼마나 큰 영향을 미칠까 의심하지 마라. 오늘의 긍정이 내일의 긍정을 낳고 결국은 인생 전체를 빛나게 할 것이다.

프랑스의 시인이자 사상가인 폴 발레리는 이렇게 말했다.

"행복은 우리 곁을 언제든 떠날 수 있다고 말한다. 남이 준 행복은 그럴 수도 있다. 주어진 행복이란 어차피 존재하지 않았으니까. 그러나 스스로 만든 행복은 결코 우릴 배신하지 않는다."

결국, 당신을 변화시키는 운명이나 혁명은 당신 안에서부터 시작된다. 또한 먼 훗날이 아니라 바로 오늘 이 순간부터 시작됨을 알아야 한다.

[Self development note]
기수가 될 것인가 말이 될 것인가

당신은 인생의 등에 올라타고 싶은가,
아니면 그 반대의 처지가 되고 싶은가?
당신의 마음 자세가 인생의 '기수'가 될지
'말'이 될지를 결정한다.

중요한 건 결정할 때
타협은 존재할 수 없다는 것이다.
주도권을 잡고 자신이 선택한
생산적인 삶을 살거나,
아니면 상황에 끌려 다니며 살거나
둘 중 하나이기 때문이다.

그러나 어쩔 수 없는 좌절도 있기 마련이다.
옛날 서부의 카우보이 속담에 이런 말이 있다.
'탈 수 없는 말도 없고 낙마하지 않는 사람도 없다.'
하지만 누구나 그렇듯 당신에게도
모든 일이 순조롭게 풀려
정상의 자리에 오를 시간이 찾아올 것이다.
따라서 그런 시절이 찾아올 것을 상상하며 음미하라.

당신이 당혹스럽고 고통스런 낙마를 체험한 뒤
다시 말등에 탈 때에는
특별히 더 긍정적이어야 할 것이다.
곧 찾아올 행복을 상상하라.

– 나폴레온 힐

요동치는 마음의 파도를 잠재우지 못하면 인생 전체가 흔들리고 결국 난파한다

매일 아침 당신의 얼굴을 치장하는 시간에
마음을 닦는 시간을 포함시켜라.
당신은 더러운 얼굴로는 일터에 나가지 않으면서
왜 마음의 얼룩은 닦지 않은 채 하루를 시작하는가?

− 로봇 A. 쿡

사람은 누구나 '분노', '짜증', '우울', '기쁨', '슬픔', '행복감' 등의 다양한 감정 색깔을 갖고 있다.

어떤 상황과 만났을 때 갖가지의 감정 색깔은 가슴 밖으로 표출된다. 가슴 안에 담겨져 있는 감정이 밖으로 흘러나오는 것은 어쩌면 당연한 현상인지 모른다. 그러나 문제는 부정적인 감정의 표출은 자칫 본인 자신은 물론 타인까지 다치게 한다는 거다.

부정적인 감정 중에 특히 분노는 알아서 잘 통제해야 한다. 분노는 육체적으로나 정신적으로나 백해무익하다.

고대 그리스의 철학자이자 수학자인 피타고라스는 이렇게 말했다.

"사람은 격분한 상황에서는 이성적으로 판단하고 행동할 수 없다. 분노는 어리석음에서 시작되어 후회로 끝난다."

분노로 인해 이제까지 쌓아왔던 명성이나 성공을 무너뜨리고 돌이킬 수 없는 화를 자초하는 사람들도 있다.

전쟁 영웅이 될 수 있는 기회를 앗아간 분노

미국의 조지 패튼 장군은 분노로 인해 모든 것을 잃은 경우다.

그는 2차대전 중에 병사들을 위로하기 위해 참모들과 함께 후방의 한 병원을 방문했다. 병원에는 전쟁 중에 부상을 당한 병사들로 가득 차 있었다.

패튼 장군은 침상에 누워 있는 한 병사에게 다가갔다.

"고생이 많군. 지금 당장 필요한 게 뭔가? 내가 다 들어주겠네."

병사는 갑자기 눈물을 뚝뚝 흘렸다.

"도대체 왜 그러나?"

"장군님, 전쟁터가 너무 싫고 무섭습니다. 제발 집에 가게
해주세요."

병사의 말을 듣고 패튼 장군은 격노했다. 그는 병사의 따
귀를 때리며 독설을 퍼부었다.

"이런 겁쟁이 같은 놈! 집에 가고 싶다고? 바보 같은 놈!
너 같은 놈은 군인 자격이 없어!"

옆에 있던 참모들이 패튼 장군을 말렸다.

"장군님, 그만 하시죠. 저희들이 알아서 조치하겠습니
다."

그러나 쉽사리 분노가 가시지 않았다. 패튼 장군은 또 한
차례 병사의 따귀를 때렸다.

"너 같은 놈은 전방으로 가버려! 지금 당장 총살을 시키
고 싶지만 그 총알도 아깝다. 어서 내 눈앞에서 사라져!"

패튼 장군은 거친 숨을 몰아쉬더니 이내 밖으로 나갔다.

소문은 삽시간에 퍼져 국민들의 공분을 샀다. 특히, 전쟁
터로 자식을 보낸 부모들은 가슴이 아파 잠을 이룰 수 없었

다. 그들은 당국에 패튼 장군의 해임을 요구했고 결국 패튼 장군은 파직을 당했다.

전쟁의 총책임을 지고 있는 패튼 장군의 입장에서는 한 병사의 눈물이 자칫 군의 사기 저하로 이어지지 않을까 우려하는 마음도 있었을 것이다. 그래서 그 병사에게 모진 말과 폭력을 행사했는지도 모른다. 그러나 그 어떤 이유가 있더라도 이성을 잃은 분노는 적절하지 않다.

그가 부상으로 마음 약해진 병사를 위로하고 격려해 줬다면 그는 나중에 전쟁 영웅으로 추앙되었을지도 모른다.

말처럼 감정을 조절하는 일은 쉽지 않다. 누구나 욱하는 성질이 있다. 조금만 참으면 될 것을 그러지 못하고 사람들은 일을 당한 뒤에야 후회한다.

분노 지수 알기

- ☐ 습관적으로 화를 낸다.
- ☐ 화가 나면 타인에게 상처를 입힌다.
- ☐ 화가 나면 벽이나 책상을 내리친다.
- ☐ 울분이 치밀면 참기 어려워 금방이라도 폭발해버릴 것 같다.
- ☐ 쉽게 흥분한다.
- ☐ 나를 화나게 하면 그 사람을 칠지도 모른다.
- ☐ 너무 화가 나서 물건을 부순 적이 있다.
- ☐ 상대가 의견이 다를 때 짜증나고 그 사람이 밉다.
- ☐ 다른 사람과 의견 충돌이 잦다.
- ☐ 고함을 지르거나 폭력을 행사하면서 화를 푼다.
- ☐ 화가 나면 상대방의 됨됨이를 비난한다.
- ☐ 화내느라 정작 문제는 해결하지 못한다.
- ☐ 아침에 눈을 뜨면 짜증부터 난다.

체크된 숫자가 적으면 적을수록 분노 지수가 낮다.

취업정보업체인 인크루트가 '감정조절'에 대해 직장인을 상대로 설문조사를 한 적이 있다.

'당신은 감정조절이 잘 된다고 생각하십니까?' 이 질문에 무려 84.1%가 '감정조절이 잘 안된다고 느낀다'고 대답했다. 감정표현을 어떻게 하느냐는 질문에 '참지 못하고 쉽게 화를 내는 편'이라는 응답이 40%가 넘었다.

살다보면 억울한 일을 당할 수도 있고 인간관계든 경제적인 문제든 일들이 마냥 꼬일 수도 있다.

이런 때 우리는 어떻게 해야 할까? 즉각적인 분노 표출은 일을 더욱 그르친다. 가슴속 분노의 불을 꺼내는 순간, 자신의 몸과 마음이 먼저 새까맣게 탄다는 사실을 기억하는 것이 좋다.

패튼 장군처럼 한순간의 자제력 상실로 모든 것을 잃을 수도 있다. 무엇보다 분노를 일으키는 원인을 하나하나 파악해서 자신을 제대로 알아나가는 노력과 현명함이 필요하다.

마음의 독감, 우울

분노를 조절하기도 힘들지만 그 못지않게 힘든 감정이 바로 '우울감'이다.

우울감이 심한 사람은 한 번 우울해지면 고삐 풀린 망아지처럼 어두운 생각들이 머릿속을 뛰어다니고, 작은 것도 비관적으로 크게 부풀려 생각하는 경향이 있어 통제하기가 쉽지 않다.

날개 잃은 새처럼 한없이 추락, 기분이 바닥으로 가라앉고 무엇을 해도 즐겁지 않다. 평소에 즐겨보던 텔레비전 프로그램도 눈에 잘 들어오지 않고 사는 것 자체가 짜증나고 왜 살아야 하는지 의문이 든다. 또 불안감을 느끼며 감정이 둔화되고 집중력과 기억력에도 문제가 생긴다.

육체적인 증상으로도 이어진다. 불면증에 시달리고 식욕이 부진하거나 반대로 폭식의 함정에 빠지기도 한다.

이런 우울감은 남성보다는 여성에게 더 많이 나타난다. 실제로 한 조사에 따르면 여성의 우울증 경험 비율은 20~25%로 남성의 7~12%보다 2~3배 높다. 임신이나 폐경기로 인한 호르몬 변화로 우울감이 찾아오기도 하지만 사회적인 활동이 적은 것도 이유라 할 것이다.

사람은 누구나 소중한 무엇인가를 가슴속에 품고 살아간다. 어떤 이는 기쁜 추억을 담고 살아가고 어떤 이는 슬픈 기억을, 또 어떤 이는 서러운 기억을 담고 살아간다.

인생이라는 그릇에 어떤 생각을 담고 살아가느냐가 성공과 행복을 결정짓는다고 해도 과언이 아니다.

자신감과 용기를 주는 좋은 기억들을 간직하고 이해와 감사로 인생을 끌어안으면 분노나 우울을 떨칠 수 있다.

채널을 돌려라

분노가 가슴속에서 끓어오를 때, 잠시 눈을 감고 마음을 가라앉혀 보라. 노(怒)를 그대로 드러내는 것처럼 어리석은 일도 없다. 분노 상태일 때는 입을 닫고 눈을 감으라.

그래도 화가 가라앉지 않는다면 다음의 두 가지를 따져본다. 화를 냄으로써 지금 이 상황이 나에게 유리하게 변할 것인가, 그리고 상대의 생각을 바꾸고 내 편으로 만들 수 있을 것인가를.

그렇다고 생각되면 분노를 표하는 것도 나쁘지 않다. 마음의 소리를 따랐기 때문이다.

순간의 감정이나 충동을 조절하는 능력이 성공의 관건이라는 사실은 '마시멜로의 법칙'이라는 실험을 통해 증명된 바 있다.

아이들에게 마시멜로를 나눠주고 15분 동안 먹지 않고 참으면 상으로 마시멜로를 더 주겠다고 한 실험이다. 대부분의 아이들은 마시멜로의 유혹을 참아내지 못하고 15분이 지나기 전에 먹어버렸다. 그러나 15% 정도의 아이들은 더 많은 마시멜로를 얻기 위해 끝까지 참았다.

10년 후, 실험에 참가했던 아이들을 추적 조사한 결과 유혹을 참아낸 아이들이 그렇지 못한 아이들보다 더욱 적극적이고 자신 있는 모습으로 살고 있었다. 동기부여 능력이 뛰어나고 목표지향적인 삶을 살고 있었으며 미국 수능인 SAT 점수도 월등히 높았다.

우울과 자존감은 불가분의 관계가 있다. 자존감이 높으면 우울증에 빠질 확률이 낮다. 그러므로 자기 자신을 인정하고 칭찬해 주는 것도 좋은 방법이다. 칭찬은 고래도 춤추게 한다는데 아낌없이 자신을 칭찬하고 격려해 주자. 우울증에 빠진 친구에게도 인정과 칭찬만큼 좋은 약은 없을 것이다. 사람은 칭찬을 들으면 행복해지고 자신감이 넘친다.

자기 자신에 대한 칭찬과 격려를 아낄 필요는 없다. 대단한 일이 아니라 작은 일이라도 잘했다고 스스로를 칭찬해 보라. 자신은 훌륭한 사람이고 뭐든지 잘 해낼 수 있다고 믿는 것이다.

자기 칭찬에 능한 사람은 다른 사람에게도 칭찬을 아끼지 않는다. 자기 곳간에 곡식이 텅 비었다면 어찌 남을 도울 수 있겠는가. 내가 먼저 행복하고 기뻐야 다른 사람에게 좋은 감정과 에너지를 전할 수 있다.

사람의 마음은 정원과 같다. 어떻게 관리하느냐에 따라 거친 들판처럼 삭막해질 수도 있고 아름다운 꽃이 만발한 풍요로운 정원이 될 수도 있다. 정원을 망치는 잡초가 생기면 그것을 뽑아내야 한다. 그릇되고 불순한 생각이나 불필요한 것들은 과감히 뽑아내야 한다.

당신은 자신의 감정과 인생을 충분히 통제할 수 있는 힘이 있다. 상처와 분노가 남았다면 그것을 기꺼이 용서하고 포용하라. 그리고 앞만 보고 전진하라.

상처는 잊어라. 그것은 이미 지나간 일이다. 우울한 마음이 슬며시 찾아와도 두려워할 건 없다. 과감히 채널을 돌려라. 그리고 앞만 보고 전진하라.

당신은 스스로 변할 수 있는 강한 힘과 지혜를 가지고 있다.

[Self development note]
마음의 건강을 유지하는 방법

1. 무리한 목표로 주눅들지 마라

원대한 꿈을 갖되 목표는 현실적인 것이 좋다. 꿈도 거창한데 목표 역시 실현 불가능한 것이라면 곤란하다. 너무 무리한 목표를 세우면 그 목표를 이루는 과정 중에 포기하기쉽기 때문이다. 중도에 포기하면 자신과의 약속을 지키지 못했다는 자괴감과 모든 것이 물거품이 되었다는 상실감으로 괴로울 것이다. 결국 마음속에 분노, 좌절, 우울 등 부정적인 감정이 쌓이기 쉽다.

이룰 수 없는 목표보다는 충분히 이룰 수 있는 목표를 세워 성취감을 맛보는 게 좋다. 자신감과 성취감으로 긍정적인 마음이 쌓인 후, 조금씩 목표를 놓여가는 게 현명한 방법이다.

2. 건강을 잃으면 감정이 흐트러진다

건강이 무너지면 모든 것을 잃기 쉽다. 몸이 아픈데 살맛이 나겠으며 무엇이 기쁘겠는가.

건강이 좋지 않으면 괜히 짜증이 나고 모든 것이 거슬리고 작은 일에도 화가 난다. 자제력을 잃게 되는 것이다.

건강은 건강할 때 지켜야 한다. '건강한 육체에 건전한 정신이 깃든다.'라는 말처럼 건강해야 의욕도 생기고 꿈도 생기고 긍정적인 자세도 생긴다.

하버드 대학 정신과 의사 존 래티는 건강을 위한 운동의 필요성을 이렇게 표현했다.

"운동은 집중력과 침착성을 높인다. 그리고 충동성이나 흥분을 낮춘다. 운동은 우울증 치료제를 복용하는 것과 비슷한 효과가 있다."

건강을 지키는 것이 곧 자신의 삶을 잘 유지하는 길이다.

3. 의지로 뇌를 조절하라

'나는 왜 감정조절이 잘 안될까?'

뇌도 결국 신체의 일부에 불과하다. 걷고 싶으면 다리를 움직이고 팔을 자유자재로 움직이듯 뇌도 마찬가지다. 뇌의 명령을 기다리지 말고 자신의 의지대로 뇌를 조정하라.

재미없는 프로그램이 나오면 리모컨으로 채널을 변경하듯 우울과 불안과 부정이 찾아오면 재빨리 채널을 변경하

라. 부정적인 감정은 늪과 같아서 시간이 지날수록 그 감정에 더 깊이 빠져든다. 그러니 마음을 다잡고 빨리 기분전환을 할 필요가 있다.

마음의 감옥에서 벗어나기 위해선 일단 움직여야 한다. 상황이 바뀌고 환경이 바뀌면 조금 나아진다. 혼자만의 공간에서 벗어나 사람을 만나고 새로운 공기를 마시는 것도 좋은 방법이다.

가장 중요한 건 자기가 좋아하는 일을 찾아 꾸준히 하는 것이다. 가장 하고 싶은 일이 뭔지 생각해 보라. 사람은 자신이 좋아하는 것을 생각하는 것만으로도 행복해진다. 하고 싶은 일을 하며 사는 게 행복이며 삶의 활력이다.

남을 위한 시간도 필요하지만 오직 자기 자신만을 위한 시간도 필요하다. 당신의 행복 바이러스가 자유롭게 춤추고 삶을 변화시킬 수 있도록 하라.

똑같은 바람에도 어떤 배는 동쪽으로,

어떤 배는 서쪽으로 갑니다.

배의 방향을 결정짓는 것은

바람이 아니고 돛입니다.

운명 또한 바닷바람 같아서

평온한 운명이거나 소란한 운명이거나

영혼이 바라보는 방향을 따라

인생의 행로가 나뉩니다

돛은 마음

환경이 문제가 아니라 마음이 문제

생이 잘못되었다면

마음이 잘못된 것입니다.

– 엘라 휠러 윌콕스

성공과 실패를 결정짓는 위대한 습관

태도의
차이

일상의 첫바퀴에 지친 당신에게...

깨닫지 못한 것들은
바람과 나무와 구름 속에서

다른 계곡에 오를 때마다
주위에 있는 아름다운 경치를 구경하라.
천천히 여유 있게 오르면서 주어진 순간을 즐겨라.
그러면 당신은 모든 여행이 끝난 후
산꼭대기에 올랐을 때
가장 아름다운 경치를 구경하게 될 것이다.

–해럴드 B. 멜처트

여행 하면 가장 먼저 떠오르는 사람은?

청년들로부터 최고의 멘토로 뽑힌 한비야 씨도 그 중 한 명일 것이다. 그녀는 사람들의 발길이 닿지 않는 지구촌 오지 탐험가로, 또 가난으로 인해 헐벗고 굶주린 사람들을 위해 구호활동을 펼치며 세상에 알려졌다. 가난과 기근에 찌든 지도 밖의 나라를 여행하며 봉사를 실천하는 이유에 대해 그녀는 '가슴이 시키는 일'이라고 대답했다.

지금 이 순간에도 그녀는 지구 곳곳에 자신의 발자국과 희망을 남기고 있을 것이다. 물 한 방울이 모이고 모여 큰 바다를 이루고, 씨앗 한 톨이 큰 숲을 이루듯 모든 일에 있어서는 그 시작점이 있기 마련이다.

받아들이자, 내 인생

시험이라면 누구보다 자신 있었는데 대학입시에 낙방한 한비야는 막막하고 난감했다. 그런데 문득 이런 생각이 들었다.

'이렇게 무의미하게 시간을 보낼 수 없어. 초라한 지금의 내 모습도 내 인생이야. 받아들이자.'

그녀는 자리에서 벌떡 일어나 배낭을 메고 집을 나섰다. 뭔가 새롭게 출발해야 할 것 같아서 머리도 식힐 겸 홀로 여행을 떠난 것이다.

전남 목포에서 배를 타고 바다를 가로질러 제주도로 향했다. 끝도 없이 펼쳐진 바다, 출렁이는 파도 그리고 하늘을 유유히 날아다니는 갈매기. 바다 위에 있으니 세상 모든 근심

걱정이 다 사라지는 듯했다. 편안하고 평화로웠다. '아, 이래서 사람들이 여행을 하나?' 싶었다.

저 멀리 제주도가 환한 빛을 뿜어내며 그녀를 반겼다. 아무것도 모르는 섬에서 설레고 즐거웠다. 삶이란 예측할 수 없기 때문에 더 흥미로운 것이 아닐까.

자전거를 빌려 섬을 일주했다. 제주 해녀도 만나고 귤 농장도 가보고 한라산 기슭에 발자국 도장도 찍었다. 우리나라에 이렇게 아름다운 섬이 있다는 게 자랑스러웠다.

내친김에 부산을 거쳐 강릉, 그리고 설악산까지 갔다.

'내가 사는 땅도 이렇게 좋고 아름다운데 세상 구석구석은 어떨까?' 이런 생각이 불현듯 들었다.

이 첫 번째 여행이 없었다면 지금의 한비야는 없었을지도 모른다.

여행 가방을 꾸리면서 깨닫는 것

노동 뒤의 휴식 차원에서 여행을 떠나는 사람도 있고, 고달픈 삶에서 잠시 벗어나 새로운 풍경과 사람을 만나고 싶어

여행을 떠나는 사람도 있다. 그리고 전 세계의 오지를 도는 고생을 자처하는 여행도 있다.

여행을 가는 이유가 어찌됐든 일상으로부터 벗어나 새로운 세상을 경험한다는 건 공통점이라 말할 수 있다. 빈손으로 떠났지만 여행을 마치고 일상으로 돌아오면 떠나기 전에 느끼지 못했던 삶의 진리나 깨달음 같은 걸 하나쯤은 얻게 된다. 그러고 보면 인생을 알아가고 자신의 삶을 되돌아보기에 여행만큼 적합하고 유용한 건 없는 듯하다.

여행을 떠나려면 준비할 것이 많다. 그런데 너무 많은 것을 꼼꼼히 준비하다 보면 떠나기도 전에 지칠 수 있다. 이것저것 욕심을 내어 모두 넣다보면 가방이 몇 개로 늘어나고 자유로운 여행 같은 건 언감생심이 된다. 하나하나 덜어내다 보면 마지막에는 여벌의 옷과 몇 가지의 간단한 용품만 남는다. 여행 가방을 꾸리는 것 자체가 하나의 긴 여정이다.

꼼꼼한 성격의 사람이라면 챙겨갈 것들을 미리 메모지에 작성해 일일이 체크하면서 준비물을 배낭이나 가방에 넣는다. 그러나 평소 좀 덤벙대는 사람은 떠나기 직전에 그때그때 생각나는 것들을 대충 가방에 넣는다. 그러다 보면 꼭 한두 개쯤은 빼먹고 만다.

비상약처럼 꼭 챙겨야 할 것을 챙기지 못해 여행지에서 낭패를 볼 수도 있다. 그러나 뭐 하나 챙기지 못했다고 해서 여행 자체가 무산되거나 그 때문에 여행을 망치지는 않는다. 부족하면 부족한 대로, 없으면 없는 대로 지내면 된다. 여행은 그 자체만으로 충분히 설레고 행복한 것이기 때문이다.

결핍이 주는 행복을 깨닫게 되는 것도 여행의 소중한 선물이라 할 수 있을 것이다.

인생이라는 여행에서 반드시 챙겨야 할 한 가지

여행 전에 반드시 챙겨야 할 것이 있다. 그건 바로 출발 전 마음가짐이다.

어떤 사람들은 여행을 마치 운동경기의 하나로 생각한다. 남들보다 하나라도 더 많이 보고, 더 많이 먹고, 더 많이 사진에 담기 위해 정신없이 돌아다닌다. 물론 한정된 시간에 하나라도 더 챙기려는 그 마음은 이해할 수 있다. 하지만 그렇게 시간에 쫓기고 마음마저 인색하고 분주하다면 여행의 의미가 퇴색되고 만다. 지지부진한 일상을 떠나는 것이 여행이다. 새로운 나를 만나는 것이 여행이다. 먹고사는 문제에 쫓겨 잊고 있었던 소중한 것을 다시 만나는 것이 여행이다. 여행 중에나 여행을 마치고 마음이 풍요롭고 행복이 충만해야 하는데, 남는 것이 피로감과 사진뿐이라면 그건 멋진 여행이라 할 수 없다.

많은 걸 담아온다고 해서 멋진 여행이 아니다. 얼마나 가슴에 남는 여행이었는가가 중요하다.

멋진 여행, 의미 있는 여행이 되기 위해선 여유와 느림이 동반되는 것이 좋다. 여행을 떠나기 전 그런 것들을 한 번쯤 마음속에 다잡는다면 여행지에서 경험하고 보는 것들이 더욱 색다르고 충실하게 다가올 것이다.

흔히들 인생을 여행으로 비유한다.

누구나 다 지금 인생이라는 기나긴 여행을 떠나고 있는 중이다. 인생에 있어 목표가 없다고 생각해 보자. 우왕좌왕하게 되고 방황하게 되고 나태해진다. 왜 사는지 그 이유조차 망각하게 된다. 목표가 없는 삶처럼 허무한 것도 없을 것이다. 위험천만한 여행길이 아닐 수 없다. 물과 나침반 없이 사막을 건너는 것은 용기가 아니라 포기다.

목표에 의해 삶은 더 발전하고 풍요로워지는 것이다.

Question for you

1

2

3

[Self development note]
목적이 이끄는 삶

'무엇을 위해 사는가?' '인생의 목표가 무엇인가?'라는 질문에 명확히 대답할 수 있는 사람은 많지 않다.

영국의 한 탐험대가 에베레스트 산 등반을 떠났다. 그들은 에베레스트 산의 약 700미터 부근에 베이스캠프를 설치했다. 그리고 다음날, 두 명의 대원이 정상을 향해 출발했다.

"16시간 정도만 올라가면 정상에 도달할 수 있습니다."

"우리 둘이 반드시 해내겠습니다."

두 명의 대원은 눈보라를 헤치며 전진하고 또 전진했다. 그것이 마지막이었다. 두 대원은 연락이 끊기고 다시 돌아오지 못했다.

〈런던 타임즈〉의 기자는 마치 자신의 눈으로 본 것처럼 이렇게 기사를 썼다.

'마지막으로 본 그들의 모습은 분명 정상을 향해 전진하고 있었다.'

백 퍼센트 성공하리라는 확신을 가지고 자신의 일에 도전하는 사람은 생각보다 많지 않다. 성공한 사업가들도 그렇고 유명한 학자, 예술가 중에도 처음부터 자신이 대성할 것이라고 믿어 의심치 않았던 사람은 드물다. 이는 자신감과는 좀 다른 문제일 것이다. 성공의 보장 없이 불안감을 안고 한 걸음 한 걸음 떼는 것이 대부분이다.

그러나 어느 분야를 막론하고 성공한 사람들은 한 가지 공통점을 가지고 있다. 모두 하나같이 쉬지 않고 부지런히 자신이 뜻하는 방향을 향해서 걸었다는 것이다. 그리고 자신에게 온 기회를 놓치지 않았다는 것.

사람들은 자신에게 기회가 오지 않는다고 한탄한다. 그런 이들에게 로렌스 굴드는 다음과 같은 멋진 말을 남겼다.

"볼 줄 아는 눈과 붙잡을 수 있는 의지를 가진 사람이 나타나기까지 기회는 잠자코 있을 뿐이다."

목적과 기회는 따로 떨어져 있는 것이 아니다.

실패나 좌절은
인생을 스쳐 지나가는 바람과도 같다

내 생활의 가장 힘들고 서글픈 순간이나
또는 가장 행복한 순간은 대체로
밤이 주는 어둠과 함께 찾아온다.
하지만 내가 여러 해에 걸쳐 깨달은 것은
그리고 내 아이들에게 꼭 가르쳐주고 싶은 한 가지는,
그날 하루가 어떠한 날이었건
아침은 언제나 오고야 만다는 사실이다.

— 베티 잭슨

A팀장은 하루하루가 즐겁다. 1개월마다 자신의 노력으로
새로운 광고주를 영입하는 등 회사에서 실력을 인정받고 있
기 때문이다. 동창회, 향우회, 테니스 동우회 등 인맥이라는
인맥은 총동원해서 그는 새로운 광고주를 영입하고 프레젠
테이션에서도 경쟁업체를 물리치고 광고주의 마음을 빼앗는

데 연일 성공하고 있었다.

회사에서는 A팀장의 능력을 인정해줬고 그의 위상은 나날이 높아만 갔다. 회의 중에 그의 말 한 마디는 진리와도 같았다. 후배들도, 팀원들도 그의 말과 행동에 절대적인 지지를 보냈다. 임원들 역시 마찬가지였다.

A팀장은 자신의 승진을 확신했다. 또한 스스로 자신이 승부사 기질이 있으며 광고업계에서 최고라고 자부하기에 이르렀다.

'내가 손만 대면 뭐든지 다 되는군. 난 타고났어. 게다가 운도 좋아. 이 회사는 내가 먹여 살린다니까!'

A팀장은 언제부턴가 남의 의견을 잘 들으려 하지 않았다. 경우의 수를 생각하지 않고 오직 자신의 전략과 아이디어가 100% 옳다고 생각했고 그것을 고집했다.

자신의 능력을 과신한 나머지 결국은 다른 팀의 일까지 넘보게 되었다.

"B팀의 전략대로라면 무조건 실패합니다. 이 프로젝트는 회사의 사활이 걸려 있습니다. 제가 그 프로젝트를 맡는 게 좋겠습니다."

결국 A팀장이 B팀의 일까지 맡게 되었다.

결과는 참혹했다. A팀장의 전략은 실패했고 회사에 큰 타격을 입혔다. 마침내 A팀장은 모든 책임을 지고 회사를 그만둘 수밖에 없었다.

하루아침에 모든 것을 잃은 A팀장의 충격과 절망감은 이루 말할 수 없을 정도였다.

A팀장의 실패와 추락은 어찌 보면 너무 당연한 것이다. 모든 일이 잘 풀리고 잘 나갈 때 A팀장은 그것을 너무 당연한 것으로 받아들이며 겸손할 줄 몰랐다. 그는 성공을 지키기 위해서는 더 많은 노력이 요구된다는 기본적인 원칙도 무시했다.

그런데 여기서 중요한 것은 실패하지 않는 법이 아니라 실패에 대처하는 방법이다. 실패를 어떻게 받아들이느냐에 따라 그 실패가 더 큰 실패의 전주곡이 될 수도 있고, 더 큰 성공의 토대가 될 수도 있기 때문이다.

A팀장은 자신의 불행을 한탄만 하느라, 다시는 날아오르지 못했다.

우리는 크든 작든 삶에서 여러 번의 실패를 경험하게 된다. 아무리 똑똑한 사람일지라도, 아무리 완벽에 가까운 사람일지라도 실패를 피해 갈 수는 없다. 인생에서 실패는 나

혼자만 당하는 게 아니라 누구나 거쳐야 하는 통과의례 같은 것이다. 실패 역시 삶의 일부이다. 그러므로 실패에 어떻게 유연하게 대처하느냐 하는 것이 관건이 된다.

자신의 실패를 깨끗하게 인정하고 반성할 건 반성해야 인생의 다음 단계로 넘어갈 수 있다.

실패의 터널을 지나온 사람들

스티브 잡스 역시 쓰디쓴 실패를 경험했다. 그는 자신이 만든 회사 '애플'에서 퇴출 당했다. 자신이 만든 회사에서 쫓겨날 거라고 누가 상상이나 했겠는가? 그는 하루아침에 무능력한 CEO로 전락했고 그동안 쌓아올린 애플의 신화도 한순간에 물거품이 되었다. 얼마나 억울하고 기가 막히고 분통이 터졌을까.

그는 그 마음을 최대한 빨리 다잡았다. 그리고 가장 먼저 한 일은 바로 실패를 인정하는 것이었다.

"그래, 받아들이자. 누굴 탓하겠는가. 어제의 내가 오늘의 나를 만들었지."

실패를 받아들이고 인정하니, 실패는 더 이상 실패가 아니었다. 그건 새로운 도전의 시작이요 도약의 계기가 되었다. 그리고 마침내 그는 재기에 성공했고 우리가 아는 위대한 스티브 잡스로 재탄생했다.

NBA의 신화인 농구 황제 마이클 조던 역시 뼈아픈 실패의 경험을 갖고 있다. 고등학교 농구부 시절, 코치로부터 학교대표 팀 선발 탈락이라는 통보를 받았다.

운동에 관한 한 자신이 최고라고 생각하던 소년 마이클 조던이었다. 그런데 이런 날이 오다니! 처절한 실패의 순간이었다.

탈락의 충격이 컸지만 그는 다시 밑바닥부터 시작했다. 대표선수들의 짐꾼 노릇을 하며 농구장을 떠나지 않았다. 실패에 대해 그는 유연한 사고를 가지고 있었던 것이다. 누구나 실패할 수 있고 그 순간이 지금 자신에게 찾아왔을 뿐이라고 생각했다.

그 후, 그의 인생은 달라졌다. 실패의 쓴맛을 두 번 다시 보기 싫어서 남보다 더 많이 노력했다. 코트에 가장 먼저 나와 가장 늦게 들어가는 연습벌레가 되었고 마침내 그는

'NBA의 전설'이 되었다.

그는 한 언론과의 인터뷰에서 다음과 같이 말한 바 있다.

"내 농구 인생에서 9천 번 넘게 슛에 실패했고 300번 가량 게임에 졌다. 그 가운데 26번은 마지막 역전 슛이 실패해서 진 것이다. 이처럼 내 삶은 실패의 연속이었다. 바로 이것이 내가 성공한 이유다."

텔레비전의 한 개그 프로그램에서 '달인' 코너로 유명해진 개그맨 김병만도 이렇게 말했다.

"달인을 하면서 깨닫게 된 것이 있습니다. '실패할 수도 있다'는 사실입니다. '반드시 성공해야 한다'는 압박감은 무대 울렁증에 도망가는 사람으로 만들지만 '그래, 실패할 수도 있지!'라는 생각은 마음의 여유를 가져옵니다."

실패에 대한 두려움과 걱정은 실패에 대한 확률을 높일 뿐이다. 설령 실패를 했다 하더라도 뭐 어떤가, 남들도 다하는 건데!

실패를 두려워하지 마라. 실패에 대한 생각을 바꿔라. 실패는 선택이 아니라 필수라는 것. 실패는 지나가는 바람일 뿐이라는 것. 그렇게 생각하면 그 어떤 절망도 좌절도 툭툭

털어낼 수 있다. 그리고 다행스러운 건 실패를 해본 사람이 성공할 확률이 더 높다는 것이다. 물론 다시 도전하는 자에게만 해당되는 말이지만.

Question for you

1

2

3

[Self development note]
실패하는 CEO들의 일곱 가지 습관

미국 경제잡지 〈포브스〉에서는 미국 기업의 CEO들을 분석한 결과 '실패하는 CEO들의 일곱 가지 습관'을 발표했다.

1. 장애물을 과소평가한다.
2. 과거의 성공방식에 지나치게 집착한다.
3. 자신과 자신의 회사가 업계를 장악하고 있다고 생각한다.

4. 자신이 모든 답을 알고 있다고 생각한다.

5. 본인의 의견에 반대하는 사람을 배척한다.

6. 언론에 노출되는 것을 지나치게 즐긴다.

7. 본인과 회사를 지나치게 동일시한다.

실패를 보장하는 열 가지 방법

실패하고 싶다면 아래의 지침대로 행동하라. 그러면 반드시 실패할 것이다.

반면 실패하고 싶지 않다면 반대로 행하면 된다.

1. 아무런 목표도 없이 살아라.

2. 항상 난 틀렸다고 얘기하라.

3. 모든 일에 변명만 하라.

4. 무슨 일이든 행동하지 않고 생각만 해라.

5. 좁게 생각하고 좁게 활동하라.

6. 지난 과거만을 생각하라.

7. 사소한 일에 시간과 마음을 쓰라.

8. 자기 자신을 비난하라.

9. 모든 일에 소극적으로 행동하고 쉽게 포기하라.

10. 한 번 실패하면 그게 끝이라고 믿어라.

계획과 논리로는 부족한 꿈,
행동을 더해야 비로소 완성된다

사람은 지금과 다른 어떤 변화를 싫어하고
두려워하는 잠재의식 때문에
더 발전할 수 있는 새로운 환경으로
나아가지 못하고 있다.
그러나 인생은 한자리에 서 있는 것이 아니고
앞으로 걸어가는 것이다.
만약 당신에게 그 일은 절대 성공한다고
누군가 확실히 보장해 준다면
당신은 서슴지 않고 나설 것이다.
남의 힘을 바라지 말고, 당신의 신념을 믿어라.
굳은 신념이 당신의 성공을 보장한다.
– 노먼 빈센트 빌

성공학이나 자기계발 관련 서적이 하루에도 수십 권씩 쏟

아져 나온다. 그 코너 앞에는 늘 사람들로 붐빈다. 그만큼 사

람들은 성공과 자신의 꿈을 이루는 일에 관심이 많다.

종이 위에 쓰면 이루어진다

자기계발 서적들은 앞다투어 성공과 꿈을 이루는 방법들을 소개한다. 그런데 그 중에 '신념과 믿음의 힘'에 대해 강조하는 서적들이 유난히 많다.

헨리에트 앤 클라우저의 저서 《종이 위의 기적, 쓰면 이루어진다》의 요점은 이것이다. 자신의 신념이나 열망이 담긴 글을 메모지에 적어두면 그 글에서 에너지가 발생하여 이루고자 하는 꿈과 목표를 끊임없이 끌어당긴다는 거다. 강력한 열망을 담은 메모 하나가 운명을 바꾼다는 주장인데 실제로 영화배우 짐 캐리도 종이에 소원을 쓰는 것으로 인생을 바꿨다는 예를 들고 있다.

프랑스의 약사이자 심리치료사인 에미 쿠에는 《자기암시》에서 '나는 날마다, 모든 면에서, 점점 더 좋아지고 있다'라는 문구를 주문을 외우듯 외우라고 권한다. 그렇게 긍정적인 상상을 계속하면 변화를 가져와 절망의 순간에도 자신감을 회복하고, 실패를 성공의 기회로 전환한다는 것이다.

한국 출판 역사상 가장 짧은 기간 동안 가장 많이 팔린 책이라는 타이틀을 가진 《시크릿》도 '마음을 지배한 생각대로 모든 일이 이루어진다'고 비밀스럽게 전하고 있다.

모든 것은 마음과 생각으로부터 시작된다. 돛단배가 바람 부는 대로 움직이듯 마음과 생각에 따라 인생이 달라진다. 긍정적인 에너지로 가득 차 있고 강한 신념이 있으면 모든 일이 술술 풀릴 것이다.

다음은 최근 영국 의학전문지 《메디컬뉴스 투데이》에 '용감한 환자'라는 타이틀로 소개된 내용이다.

최면술사 알렉스 렌케이가 스스로에게 최면을 걸어 마취 없이 오른손 절개수술을 받았다. 그는 오른쪽 손목을 약 10cm 가량 절개해 뼈 조각을 제거하고 근육 위치를 바로잡는 수술을 받았다. 놀랍게도 그는 통증을 거의 느끼지 못했고 수술 역시 성공적으로 끝났다.

수술을 담당한 외과의사 르웰린 클라크 박사도 "렌케이의 수술을 통해 최면이 보편적인 대안요법으로 쓰일 수 있는 가능성을 보인 것"이라고 자신의 견해를 밝혔다.

로켓이 날아가려면 엔진이 필요하다

마음과 생각으로부터 시작된 '신념과 믿음의 힘'이 얼마나 강한지를 증명할 수 있는 사례는 찾아보면 사방에 널려 있다. 그만큼 마음과 생각이 사람의 인생에 중요한 것이다. 그러나 간과해서는 안 될 게 있다. 마음과 생각의 힘을 인정하지만 그것이 탄력과 힘을 받으려면 행동이 뒤따라야 한다. 마음과 생각의 힘이 행동을 유발한다고 해도 더욱 적극적이고 주체적인 행동이 더해져야만 성공과 꿈의 거리를 좁힐 수 있다.

로켓의 경우를 예로 들어보자. 로켓의 설계 및 구체적인 탐사계획 등은 아주 중요하다. 그러나 아무리 준비 작업이 철두철미하다고 해도 그 로켓을 하늘로 띄울 수 있는 강력한 엔진이 없다면 고철덩어리에 불과할 것이다.

성공과 꿈도 마찬가지다. 연구와 계획과 다짐과 구체적인 준비는 필수이다. 그러나 거기서 그치면 그것으로 끝이다. 반드시 행동을 점화시켜야 한다. 그 추진력으로 당신은 성공과 꿈의 주인공이 될 수 있다.

옛말에 '불입호혈(不入虎穴)이면 부득호자(不得虎子)'라는 말이 있다.

호랑이 새끼를 얻으려면 호랑이 굴에 들어가야 한다. 즉, 성과를 얻는 가장 빠른 길은 바로 행동이 따르는 실천이다.

사람들이 뒤늦게 후회하는 것 중 하나가 '그때 그 일을 과감히 했어야 하는데!'라는 것이다. 비록 내가 행한 일이 성공의 열매를 따지 못한다 해도 해보지도 않고 실패하는 것보다는 해보고 실패하는 편이 더 낫다. 그래야 후회 없고 미련 없는 삶을 살 수 있는 것이다.

과감히 행동으로 보여라

행동이 중요하다는 건 누구나 다 아는 얘기다. 그러나 막상 행동하려고 하면 망설여진다. 왜 우리는 마음속 다짐과 계획을 행동으로 옮기지 못하는 것일까?

일이 주어지면 일단 두려움이 앞선다. 낯선 일에 대한 두려움과 함께 '실패하면 다른 사람들이 날 어떻게 볼까?' 하는 심리적 불안 때문이다. 그래서 시작하기도 전에 포기하는 경우가 있는가 하면, 행하더라도 최소한의 것만 수행하고 만다. 그렇다면 결과는 뻔하다. 목표한 대로 이루지 못하고 후회만 밀려온다.

언제까지 후회만 하며 살 것인가?

성공하고 꿈을 이룬 사람들의 공통점은 행동가라는 것이다. 계획과 실천 사이의 틈이 없다. 즉, 계획과 동시에 행동을 한다는 거다.

체면과 자존심 때문에 인생을 구겨서는 안 된다. 그런 것에 붙들려 있다는 건 성공과 꿈에 대한 열망이 아직 뜨겁게 타오르지 않았다는 말이다. 절박하고 절실하면 두려울 게 없다.

에스테 로데와 김영식의 임전무퇴 행동력

미국 유수의 화장품 회사인 '에스테 로데'사의 설립자 에스테 로데. 그녀의 성공 비결 중 하나는 바로 앞뒤 보지 않는 과감한 행동력이다.

빈민촌에서 태어난 그녀의 꿈은 어릴 때부터 '부자'였다.

어른이 된 후, 그녀의 마음속엔 단단한 꿈 하나가 자리잡았다. 스스로 '화장품 업계의 신화'가 되는 것이었다.

그 꿈을 실현하기 위해 그녀는 바로 행동으로 옮겼다. 대공황이 휩쓸 때, 그녀는 자신의 '수퍼 리치 크림'을 팔기 위해 맨해튼의 미용실들을 발바닥에 땀이 나도록 돌아다녔다. 미용실 주인에게 문전박대를 당하는 건 보통이었다. 길거리에서도 틈만 나면 지나가는 사람을 붙잡고 세일즈를 계속했다. 행동 없이는 성과도 없다는 걸 너무나 잘 알고 있었기에 멈출 수가 없었다.

그녀는 기다리지 않고 스스로 운을 만들었다. 회사 설립 후에는 화장품 구입시 증정품을 주는 새로운 판촉 방법으로 대박을 터트렸다. 마침내 1988년, 미국 고가 화장품 시장의 33%를 점유하기에 이르렀고 그녀는 알베르트 아인슈타인 의과대학에서 주는 '성취 정신상'을 수상하기에 이른다.

국내에도 유명한 행동가가 있다. 바로 천호식품의 설립자 김영식이다.

그는 1989년 달팽이 진액 사업으로 부산에서 '현금 보유 100위' 안에 들 정도로 성공했다. 그런데 무리한 사업확장과

1997년의 외환위기로 인해 추락을 맛봤다.

그는 재기의 꿈을 놓지 않았다. 그는 움직이는 전차였다. 강화약쑥 진액을 들고 버스 정류장과 지하철역으로 나갔다. 그곳에서 그는 지나가는 사람들에게 전단지를 돌렸다. 옛 영광은 중요하지 않았다. 심지어 비행기 안에서도 전단지를 돌렸다. 행동은 거짓말을 하지 않는다. 결국, 그는 다시 우뚝 설 수 있었다.

현대 경영의 창시자로 불리는 톰 피터스는 이렇게 말했다.

"기업 간 경쟁력의 차이는 비전과 전략의 우위보다는 그것을 실현하기 위해 행동하는 실행력의 차이에서 비롯된다."

'구슬이 서 말이어도 꿰어야 보배'라는 말이 있듯 계획도 실행으로 연결되지 않으면 아무 소용이 없다. 성공과 실패의 차이는 바로 여기에서 결정된다.

지금과는 다른 인생, 180도 바뀐 인생을 원한다면 이 말을 기억하라.

'행동력이 최고의 경쟁력이다.'

[Self development note]

행동하는 사람으로 거듭나기 위한 준비

1. 그것이 무엇인지 생각한다

하고 싶은 일이 무엇인지 정한다. 목표가 돈이어도 상관없다. 자신의 목표를 설정한다. 목표가 없으면 행동도 없고 성취도 없다. 행동하는 자만이 이룰 수 있다.

2. 현재의 일에 집중하라

먼 미래, 먼 목표에 마음을 두면서 현재의 일에 최선을 다하는 게 중요하다. 지금 당장 할 일이 무엇인지 점검하고 그 일에 집중한다. 현재의 일에 충실한 사람은 다음 일, 더 큰 일 역시 잘해낼 수 있다.

3. 장애물을 뛰어넘어라

살다보면 누구나 뜻하지 않은 역경을 겪게 된다. 그것에 굴복한다면 아무것도 얻을 수 없다. 장애물이 있으면 더더욱 과감히 행동하라. 피한다고 문제가 해결되지 않는다. 두고두고 그 문제가 발목을 잡는다. 그러니 해결하고 가라. 장애물이 생기면 뛰어넘어라. 사람의 의지만큼 이 세상에 강한 게 또 있을까? 의지만 있다면 모든 것을 극복해 내고 뛰어넘을 수 있다.

4. 일단 하고보라

이런 말이 있다.

'먹으면 먹고 싶어진다. 하면 하고 싶어진다. 중요한 건 먼저 하는 것이다.'

행동력은 천부적으로 타고나는 게 아니다. 과감해지겠다는 마음을 먹고, 일단 해보면 된다. 행동도 습관이고 연습이다. 자꾸 하다보면 하고 싶어진다.

입맛이 없다고 계속 거부하면 몸도 마음도 상한다. 입맛이 없어도 일단 먹어야 한다. 계속 씹고 삼키다 보면 결국 먹게 된다.

행동 역시 하다보면 계속 하고 싶어지는 것이다.

하다보면 어느새 자기 것이 된다.

작은 것을 하찮게 여기는 당신에게...

이 세상의 모든 명제들은
아주 작은 것들에 영향을 받는다

인생은 어떤 위대한 희생이나
의무들로만 이루어져 있지 않다.
오히려 작은 일들로 이루어져 있다.
미소와 친절
그리고 일상의 작은 의무와
습관적인 것들이
사람의 마음을 열게 해주며
인생의 성공을 가져다주고
행복을 지켜주는 것이다.

– 험프리 데이비

100에서 1을 빼면 몇일까?

초등학생도 다 아는 문제다. 당연히 정답은 99이다. 그런
데 자기계발서를 쓰는 한 저술가는 새로운 답을 제시했다.

'100–1'의 정답은 0.

왜 0인가 하면 1% 작은 실수의 영향으로 인해 다른 모든

부분들이 다 무너지기 때문에 0이라는 거다. 산술적으로 맞진 않지만 '100−1=0'이라는 등식은 인생과 경영 면에서는 충분히 일리가 있다. 작은 실수로 인해 전체가 무너지는 건 우리가 흔치 않게 볼 수 있는 광경이다.

테이블보의 잉크 한 방울

요즘 우리 영화나 텔레비전 드라마는 작품성은 물론 배우들의 연기력까지 뛰어나 볼만한 수작들이 많다. 같은 시간대에 겹치는 경우가 많아 어떤 드라마를 봐야 할지 행복한 고민에 빠지기도 한다.

그런데 드라마를 보다보면 눈에 거슬리는 장면이 있다. 이른바 '옥의 티'다. 어느 퓨전사극 드라마에서 주인공이 말을 타고 가는 장면이 방영되었는데 주인공 뒤로 어색한 배경 화면이 보여 시청자들에게 어이없는 웃음을 선사했다. 그뿐 아니라 클로즈업 장면에서는 가짜 말이 등장해 또 한 번 시청자들을 당황시켰다. 어설픈 CG 작업으로 인해 작품의 품격을 실추시킨 것이다. 그 드라마는 방영 내내 드라마의 내용보다는 '옥의 티' 장면들이 더 많이 회자되었다. 기술적인 면에서나 내용적인 면에서 좀 더 꼼꼼히 작업했다면 훨씬 좋은 평가를 받았을 텐데 지금 생각해도 참 아쉬운 대목이다.

세계적인 마케팅 전문가 세스 고딘은 작은 실수로 인해 전체 이미지를 망치는 상황을 '테이블보의 잉크 한 방울'로 표현했다.

한 신사가 식사를 하기 위해 레스토랑에 들어왔다. 자리에 앉은 그의 얼굴이 일그러졌다. 하얀 테이블보에 번진 잉크 한 방울이 눈에 띈 것이다.

자리를 박차고 일어난 신사에게 웨이터가 다가와 물었다.

"손님, 무슨 일입니까?"

"식사하고 싶은 마음이 싹 사라졌소."

신사는 뒤도 안 돌아보고 레스토랑을 나갔다.

그 신사는 하나를 보면 열을 안다고 테이블보의 작은 얼룩으로 이 레스토랑의 서비스는 물론 위생 상태와 맛까지 판단한 것이다. 작은 얼룩을 빼면 테이블보는 99%가 흰색이다. 그러나 사람들은 테이블보의 얼룩만 기억한다. 99%의 깨끗한 부분은 상관없다.

이처럼 아주 작고 사소한 것 하나가 전체 이미지를 결정하기도 한다.

작고 사소하지만 놀라운 반전, 나비효과

미국의 기상학자인 에드워드 로렌츠가 주창한 '나비효과 (butterfly effect)'는 아주 작고 사소한 것으로 인해 엄청난 결과를 초래할 수도 있다는 것을 말한다.

브라질에서 나비 한 마리가 일으킨 날갯짓이 대기의 흐름을 변화시켜 미국 텍사스에 토네이도를 발생시킬 수 있다는 이론이다.

1857년에 일어나 끔찍한 일이다.

증기선 '센트럴 아메리카' 호는 손님들로 가득 찼다. 닻이 오르고 기적소리가 울리더니 이윽고 배는 미끄러져 뉴욕을 떠나 샌프란시스코로 출항했다.

그런데 출항한 지 얼마 되지 않아 배에 물이 조금씩 새어 들어왔다. 마침 부근을 지나던 여객선의 선장이 이를 목격하고 혹시 모를 상황에 대비해 승객들을 옮겨 태우길 권유했다.

"아주 작은 틈입니다. 이 정도는 괜찮습니다. 우리가 알아서 처리하겠습니다."

센트럴 아메리카 호의 선장은 이 상황을 별 대수롭지 않게 보았다.

약 한 시간이 지나 갑자기 배가 기울기 시작하더니 급기야 침몰하기 시작했다. 아주 작은 틈이라 생각했는데 그 틈이 순식간에 벌어져 대참사가 일어나고 만 것이다.

불행하게도 '센트럴 아메리카' 호에 탔던 승객과 승무원 500여 명이 목숨을 잃었고 100여 명만이 구조되었다.

이처럼 작고 사소한 것이라 여겨 무시하거나 대충 넘긴 일이 인생을 집어삼킬 수도 있다.

카네기가 선택한 찰스 쉬브의 인생 역전

작은 날갯짓이 위험한 토네이도로만 돌아오는 게 아니다. 반대로 작은 것이 위대한 성공, 최고의 기회가 되어 돌아오기도 한다.

찰스 쉬브가 그런 경우다. 그는 일생의 습관이 된 작은 성실함으로 인생 역전의 주인공이 되었다.

미국의 강철왕 앤드류 카네기는 늙어서 자신의 뒤를 이을 후계자가 필요했다. 회사 중역들 중 가장 유능한 사람이 그 자리에 오르지 않을까 사람들은 쉽게 예상했다. 그런데 카네기는 모든 예상을 깨고 찰스 쉬브를 지목했다.

찰스 쉬브가 입사할 당시, 그의 임시 직책은 청소부였다. 그의 청소구역은 공장 정원이었는데 청소 일을 하면서 그는 불평 한 번 하지 않고 최선을 다했다. 시간이 나면 정원뿐만 아니라 공장 구석구석을 깨끗이 청소했다. 그는 성실함을 인정받아 정식 사원이 되었고 사무직으로 근무했다. 사무 보는 일 역시 그는 열심히 그리고 빈틈없이 잘해냈다.

그는 결국 카네기의 비서가 된다.

"자네 손에 든 게 뭔가?"

"메모지와 펜입니다. 제 머리는 한계가 있고 작은 부분이라도 놓쳐서는 안 되겠다는 생각에 늘 메모지와 펜을 갖고 다닙니다."

카네기는 찰스 쉬브를 가까이서 지켜보며 그에 대해 무한 신뢰를 갖게 되었다. 마침내 카네기는 그를 자신의 후계자로

낙점하기에 이른다.

다른 사람들에 비해 학력도 낮고 임시직 청소부였던 찰스 쉬브가 세계적인 기업의 대표가 될 수 있었던 건 작고 사소한 부분까지도 전력을 다한 그의 자세 때문이었다. 작은 일, 하찮은 일, 사소한 일이라고 소홀히 하기 쉽다. 그러나 아무것도 아닌 것 같은 그 작고 사소한 일도 제대로 하지 못하는 사람들이 많다. 그러면서 더 큰 일을 꿈꾼다.

작은 일도 제대로 해내지 못하는 사람이 어떻게 큰일을 할 수 있겠는가!

석 잔의 차

나이가 들수록, 세상을 알수록 사람들은 마음에 더 큰 걸 담아내려 한다. 나무 대신 숲을 보려고 하고 작은 캔버스를 버리고 더 큰 그림을 그리려 한다. 물론 그것도 의미 있는 일이지만 결국 아무것도 담아내지 못하게 되니 문제다. 숲도 나무 하나, 풀 한 포기가 모여 이루어진 것이고 그림도 하나하나의 선과 색깔이 모여 완성되는 것이다. 작은 것을 놓치기 시작하면 결국 큰 것을 이룰 수 없다.

그래서 어떤 사람들은 큰 것보다 아주 작고 세심한 것에 마음을 빼앗기기도 한다.

다음은 1%의 작은 힘의 중요성을 강조한 중국 기업인 왕중추의 저서 《디테일의 힘》에 나오는 내용이다.

일본의 명장(名將) 중에 이시다 미쓰나리라는 인물이 있는데 그가 이름을 떨치기 전의 일이다. 한 사찰에 머물러 있을 때 하루는 막부의 수장인 도요토미 히데요시가 그를 찾아왔다. 그는 정중하게 도요토미 히데요시를 맞이했다.

"어서 오십시오. 차 한 잔 내오겠습니다."

잠시 후, 그는 온도와 양이 각기 다른 차 석 잔을 내왔다. 처음에는 큰 잔에 따뜻한 차였고, 두 번째는 중간 잔에 조금 뜨거운 차였다. 세 번째는 작은 잔에 더 뜨거운 차였다.

차례대로 석 잔의 차를 마신 후, 도요토미는 물었다.

"왜 차가 석 잔입니까?"

이시다 미쓰나리는 차분한 어투로 말했다.

"처음에 대접한 것은 목이 마른 듯하여 빨리 마실 수 있도록 적당한 온도에 양을 많이 담았습니다. 두 번째는 차의 향내를 맡을 수 있도록 양을 줄이고 조금 뜨거운 물로 우려냈습니다. 세 번째는 온전히 차의 향을 음미할 수 있도록 했습니다."

도요토미는 그의 세심한 배려에 감동해 그 자리에서 그를 자신의 수하로 삼았다. 그리고 훗날, 이시다 미쓰나리는 도요토미 히데요시의 오른팔로 최고의 명장 자리에 이름을 올렸다.

이시다 미쓰나리의 행동 하나하나에는 배려가 묻어 있다. 그런 배려에 그 누가 마음을 빼앗기지 않을 수 있겠는가. 세심한 배려는 작아 보이지만 진심이 담겨져 있다면 엄청난 감동과 매력을 지니게 된다.

더 크고 중요한 일을 하고 싶다면 지금 내가 하고 있는 작은 일에 최선을 다하라. 마음을 열고 더 세심하게 배려하라.

[Self development note]

작은 것의 위력

작은 나사 하나가 우주선을 폭파시킬 수 있다.

작은 부품 하나가 자동차를 멈추게 할 수 있다.

작은 벌레 하나가 큰 고목을 무너뜨릴 수 있다.

작은 모래알이 마라토너의 발바닥을 괴롭힐 수 있다.

작은 못 하나가 건물을 무너뜨릴 수 있다.

작은 암 덩어리가 생명을 앗아갈 수 있다.

작은 말 실수 한 마디가 인생관계를 절단낼 수 있다.

작은 웃음이 세상을 환하게 만들 수 있다.

작은 아이디어가 무너져 가는 회사를 일으킬 수 있다.

작은 씨앗 하나가 숲을 이룰 수 있다.

작은 물 한 방울이 큰 바다를 이룰 수 있다.

작은 꽃 한 송이가 봄을 부를 수 있다.
작은 격려가 사람을 움직이게 할 수 있다.
작은 결단이 위기를 기회로 바꿀 수 있다.

작은 것은 힘이 세다.

어느 누구도 두려워할 필요 없다

만일 우리가 누군가를 두려워한다면

그건 자신을 지배할 수 있는 힘을

다른 어떤 사람에게 내주었기 때문이다.

예를 들어 당신이 어떤 나쁜 짓을 했는데

다른 사람이 그걸 알고 있다면

그는 당신을 지배하는 힘을 갖게 되는 것이다.

– 헤르만 헤세

사람과
사람
사이

인간 때문에 못살고
인간 때문에 사는 게 인간이다

인간의 우정 속에는 놀라운 기쁨이 있다.
우리가 의식하지 못하는 사이에
기쁨이 퍼져간다는 사실에 주목하면,
쉽게 이해할 수 있을 것이다.
내가 옆에 있는 것이 친구에게 조금이라도 기쁨을 준다면,
이번에는 내 편에서도 기쁨을 느끼게 된다.
이처럼 저마다 남에게 주는 기쁨이란
언제나 자기 자신에게
필연적으로 되돌아오기 마련이다.

– 알랭

　　미국 문화인류학자인 에드워드 홀은 인간관계를 사람들
사이의 거리로 산술하며 크게 네 개의 거리로 정리했는데 다
음과 같다.

　　첫 번째, 46cm 이내의 거리이다. 가족이나 연인처럼 '개

인적인 거리'이다

두 번째는 46cm~1.2m의 거리이다. 그다지 부담되지 않고 서로의 마음을 나누고 친밀성을 유지하는, 흔히 친구관계를 나타내는 '친근함의 거리'이다.

세 번째 거리는 1.2m~3.6m의 거리이다. 상호간에 격식과 예의가 필요하기도 하고 때론 급작스러운 친밀감에 서로 당황스러워하는 사이이며 주로 업무적인 대화가 오가는 '사회적인 거리'이다.

마지막으로 네 번째 거리는 3.6m 이상의 거리이다. 이 거리에 있는 사람들은 안면이나 친분이 없는 경우인데 예를 들어 공연자와 관중과의 관계 내지 연설자와 청중의 관계 정도를 말한다. 특별히 무례한 행동을 하지 않으면 서로 부딪힐 일이 없는 '공적인 거리'이다.

당신 역시 에드워드 홀이 제시한 인간관계에 따른 거리의 범주에 속해 있다. 그런데 문제는 이 거리 안에 있는 사람들이 사랑과 이해, 협력과 도움으로 이루어지면 좋으련만 때론 나쁜 방향으로 흘러간다는 것이다.

살다보면 사사건건 시비를 거는 사람을 만나기도 한다.

그러면 마찰과 상처를 피할 수 없다. 재수없이 스토커 같은 인간을 만나 영혼까지 상처받을 때도 있다. 가족 간에, 가장 가까운 사람과 주고받는 상처는 또 어떤가?

온라인 취업 사이트 '사람인'이 직장인 2천여 명을 상대로 인간관계에 대해 설문조사를 했는데 무려 72%가 인간관계로 인해 스트레스를 받는다고 응답했다.

그들에게서 무슨 일이 일어났던 걸까?

A라는 여자와 B라는 남자가 있는데 이 둘에게는 공통점이 있다. 바로 자기 자신이 만든 마음의 감옥에 갇혀 산다는 것이다.

이들에게 무슨 일이 있었던 걸까?

A에겐 사랑하는 애인이 있었다. 사법고시 준비 중인 애인을 위해 그녀는 물심양면으로 도움을 줬고 마침내 사법고시에 합격했다. 그런데 결혼을 약속했던 애인이 고시 합격 후 변심하여 이별을 통보한 것이다.

그런데 연이어 회사 동업자가 그녀를 배신했다. 거금을

챙겨 사라진 것이다. A는 연이어 애인과 동료를 잃었다. 충격과 상처는 컸다. 그녀는 절망했고 인간에 대한 환멸을 느꼈다.

A는 사람에 대한 경계심이 심해지고 급기야 우울증까지 얻게 되어 사회생활이 불가능할 정도였다. A의 삶은 위축되었고 사람들과 거리를 둔 채 벽을 쌓고 마음의 문을 닫은 채 결국 혼자가 되었다.

또 한 사람 B.

B는 자신감이 강했고 거기에 리더십까지 있었다. 어릴 때부터 줄곧 반장을 도맡았고 젊은 나이에 팀장 명찰까지 달았다.

그런데 문제는 사람에 대한 믿음이 부족했다. 팀에 주어진 프로젝트를 팀원들과 함께 상의해서 이끌어가기보다는 독자적으로 생각하고 실행했다. 팀원들에게 일을 맡긴다는 게 가장 두려웠다.

"김 대리가 저 일을 잘할 수 있을까? 괜히 서로 시간만 낭비하는 거 아냐? 차라리 내가 하는 게 더 빠르지."

사람에 대한 의심은 결국 팀워크를 해쳤고 그의 능력 역시 점점 빛을 잃어갔다.

아무리 뛰어난 인재라도 혼자의 힘으로 모든 것을 할 순 없다. 끝내 B는 프로젝트에서 실패하고 팀원들의 반발로 인해 외톨이가 되었다. 믿음 없는 인간관계는 지속될 수 없다. 결국 그는 회사도 그만두기에 이르는데.

A는 과거의 상처와 배신으로 인해 사람을 경계하게 되었고 B는 타인에 대한 불신과 상실감으로 인해 결국 스스로 만든 감옥에서 살게 되었다.

이러한 상황은 A와 B처럼 특정인만 겪게 되는 일일까? 그렇지 않다. 누구에게나 다 일어날 수 있는 일이다.

당신이 아는 사람들의 이야기일 수도 있고 어쩌면 당신 자신의 이야기일 수도 있다.

상처 주고 다투는 게 인간관계의 속성이다

살다보면 자신의 잘못이나 실수로 인해 불행을 자초하는 수도 있지만 상대방으로 인해 곤경에 빠지는 경우도 있다.

당신은 어떤가? 그리고 당신의 인간관계는 어떤가?

혹여 당신이 인간관계에서 깊은 상처를 입었다고 해도 스스로를 감옥에 가두고 마음의 문을 닫아버리면 안 된다. 술과 방황에 몸을 맡기는 시간이 길어질수록 더 상처받고 답답해지는 건 자기 자신이다.

이 세상에서 경제활동에 참여하고 사는 한, 사람은 타인과 어떤 식으로든 관계를 맺게 마련이고 마찰과 상처는 피할 수 없다. 그건 어쩔 수 없는 현실이며 인간의 숙명이다. 인간으로 태어난 이상, 인간의 테두리를 벗어날 순 없다. 타인과의 거리가 가깝고 멀고의 차이가 있을 뿐이지 그 거리를 거역하거나 초월할 수 없다는 얘기다.

사람으로 인해 받은 상처와 아픔 그리고 빈자리를 채울 수 있는 건 결국 사람이다. 사람이 답이다. 상처 입었다고 해서 주눅 들거나 홀로 끙끙거리지 말고 당당히 밖으로 나가라. 상처는 숨기면 숨길수록 더욱 더 곪는 특성이 있다.

상처는 드러내고 인정하라. 모든 것은 시간이 해결해 준다.

[Self development note]
사람이 꽃보다 아름답다

안치환의 〈사람이 꽃보다 아름다워〉는 인간관계에서 상처 받은 사람의 마음을 위로해 주는 노래다. 웅숭깊은 눈길 같은 노래다.

결국, 사람이다.

강물 같은 노래를 품고 사는 사람은 알게 되지 알게 되지
내내 어두웠던 산들이 저녁이 되면 왜 강으로 스미어
꿈을 꾸다 밤이 깊을수록 말없이 서로를 쓰다듬으며
부둥켜안은 채 느긋하게 정들어 가는지를

지독한 외로움에 쩔쩔매본 사람은 알게 되지 알게 되지
그 슬픔에 굴하지 않고 비켜서지 않으며

어느 결에 반짝이는 꽃눈을 달고
우렁우렁 잎들을 키우는 사랑이야말로
짙푸른 숲이 되고 산이 되어 메아리로 남는다는 것을

누가 뭐래도 사람이 꽃보다 아름다워
이 모든 외로움 이겨낸 바로 그 사람
누가 뭐래도 그대는 꽃보다 아름다워
노래의 온기를 품고 사는

바로 그대 바로 당신
바로 우리 우린 참사랑

모든 면에서 앞설 수 없고
딱 하나만으로도 충분하다

어떤 것에서 곧바로 좋은 점을 찾아낼 수 있다는 것은
그만큼 뛰어난 심미안을 가지고 있다는 증거다.
세상에는 좋은 점만을 찾으려는 사람도 있고,
나쁜 점만을 찾으려는 사람도 있다.
좋은 점이 하나도 없는 사람은 드물 것이다.
수많은 나쁜 점들 가운데서 우연히 발견한
단 하나의 좋은 점에 정성을 다하는 사람들이야말로
진실로 훌륭한 심미안을 가진 자들이다.

- 존 페로우

우리는 어릴 때부터 비교와 경쟁의 울타리 안에서 살아
왔다.

"누구누구는 이번에도 1등 했다는데 도대체 너는 뭐니?"

"형은 차분하고 얌전한데 너는 누굴 닮아 그 모양이야!"

"내 친구는 이번에 50평대 아파트로 옮겼대. 우리는 언제 그런 날이 올까?"

"너는 허구한 날 아파서 빌빌대니?"

"나도 저 배우처럼 날씬하면 좋겠는데…."

"저이는 정말 운도 좋아. 그런데 나는 왜 이렇게 운이 안 따르는 거야."

비교로 인해 누군가에게 상처를 주거나 또 비교로 인해 누군가에게 상처를 당하는 게 당연한 일상이 되었다.

남을 통해 만족하는 심리

혼자가 아니고 누구나 다 사회의 구성원인 이상, 당신은 끊임없이 타인과 관계를 맺는다. 저 잘났다고 생각하는 자기중심적인 사람도, 자기밖에 모르는 이기적인 사람도, 뭐든지 자기가 옳다고 주장하는 독불장군도 결국 타인이라는 거울을 통해 자신을 발견하게 된다. 사람들은 관계 속에서 원하든 그렇지 않든 자꾸 비교를 하게 되고 그 비교를 통해 감정과 생각이 교류된다.

불편한 진실이지만 '샤덴프로이데(Schadenfreude) 심리' 역시 비교의 일종이라 할 수 있다.

샤덴프로이데는 독일어인데 '남의 상처와 아픔이 나에게 는 곧 행복이다'라는 뜻을 내포하고 있다. 우리 말의 '사촌이 땅을 사면 배가 아프다'와 일맥상통한다.

남의 행복을 바라지는 못할망정 어찌 남의 불행을 보고 즐거워할까, 그렇게 생각하고 싶겠지만 당신 역시 그런 생각 을 하지 않는다고 자신 있게 말할 순 없을 것이다.

일본 의학계는 2009년 임상실험을 통해 '남의 불행을 보 며 즐거워하는 것과 맛있는 음식을 먹고 즐거워하는 것이 뇌 에서 같은 만족감으로 나타났다'고 증명했다.

이를테면 빙판길에 어떤 사람이 미끄러져 넘어졌다고 하자. 그 장면을 목격한 당신은 어떨까? 넘어진 사람을 보 며 안타까운 마음도 들겠지만 한편으로 웃음이 자리잡고 있을 것이다. 더군다나 넘어진 이가 평소 당신을 괴롭혀왔 던 사람이라면 통쾌하다 못해 짜릿한 승리감까지 느낄지도 모른다.

행복과 불행은 비교로부터 시작된다

당신에게 있어서 행복이란 무엇인가?

사실 절대적 의미에서의 행복이란 존재하지 않는다. 만약 모든 사람이 행복하다면 행복이라는 개념 자체가 없었을지도 모른다. 불행도 타인과의 비교를 통해 느낀다.

만약 당신의 가정이 화목하지 않다면 웃음이 넘치고 서로를 위해주는 다른 가정을 보며 부러운 나머지 상대적으로 자신이 불행하다고 느낄 것이다. 가난한 사람은 부자가 부럽고 상대적으로 박탈감을 느낄 것이다.

이처럼 남과 비교함으로써 스스로 불행에 빠지게 되는 것을 '비교함정'이라 한다. 나보다 지위가 더 높고 더 많이 가진 자와 비교하기 시작하면 지금 가진 것에 대한 감사함과 소중함보다는 갖지 못한 것에 대한 아쉬움과 억울함이 크게 다가와 불행해진다.

비교는 끝이 없다. 한 번 빠져들면 헤어나오기 힘들다.

열등감은 인생을 주저앉힌다

남들에 비해 뛰어난 재능과 능력, 배경이 있다고 해도 자기 스스로 그것을 하찮게 여긴다면 그것만큼 안타까운 일이 없다. 또한 여러 개의 장점을 갖고 있으면서 한 개의 단점에 사로잡혀 있는 사람을 봐도 안타깝다.

말을 더듬는 A라는 사람이 있다.

A라고 해서 남들 앞에서 발표를 못하라는 법도 없고 리더가 되지 않으라는 법도 없다. A는 자신의 단점을 대처할 만한 다른 장점을 찾으면 된다.

그러나 A는 괴로워한다. 남들 앞에 나서기 전에 자기 자신에 대한 의심부터 시작한다. 괜히 나섰다가 창피나 당하는 게 아닐까, 스스로를 무너뜨린다. 이런 식이라면 A는 움츠린 채 평생 자기 자신을 괴롭히며 살아야 한다.

열등감은 우리 삶에 아주 나쁜 영향을 미친다.

자기 안의 무한한 잠재력을 마비시켜 꺼내보지도 못하고 그대로 사라지게 만든다. 또한 꿈을 파괴한다. 하고 싶은 일, 이루고 싶은 일이 있어도 열등감으로 인해 시도조차 하지 않는다.

인간관계에도 악영향을 미친다. 열등감에 사로잡히면 대부분 소극적이고 위축된 생활을 한다. 사람들 앞에 나서는 것도 싫다. 당연히 인간관계가 좋을 리 없다.

열등감의 원인을 살펴보면 절대적인 요인과 상대적인 요인으로 나눌 수 있다.

절대적인 요인은 선천적인 장애나 바꿀 수 없는 상황으로 이미 굳어져버린 열등한 상태를 말한다. 절대적인 요인이라고 해서 꼭 불변인 건 아니다. 신체적인 콤플렉스는 의술이나 기술로 어느 정도 극복할 수 있다.

상대적인 요인은 가정이나 사회·문화 등 환경이나 주어진 상황에서 오는 비교와 경쟁심에서 오는 열등한 마음상태를 말한다. 상대적인 요인은 자신의 노력 여하에 따라 많은 부분 극복될 수 있다.

상대적인 요인과 절대적인 요인 수십 가지보다 더 강력한 힘을 발휘하는 것이 자기 자신을 향한 의심과 두려움이다.

결국은 열등감 내지 콤플렉스 그 자체의 문제가 아니라 그것을 대하는 마음자세의 문제다. 열등감에 사로잡힐 하등의 문제가 없다. 사실, 당신이 고민하는 것만큼 남들은 당신의 문제에 별 관심이 없고, 별로 중요하게 생각하지 않는다. 사람들은 괜히 혼자서 자기가 만든 열등감의 틀에 갇혀 전전 긍긍하는 것인지도 모른다.

저마다의 존귀한 가치

당신 안에는 아직 개발되지 않는 위대함이 있다. 남들보다 모든 면에서 앞서갈 순 없겠지만 당신에게 가장 잘 어울리고 잘할 수 있는 그 무언가가 분명 있다.

국제무역에서 '비교우위'라는 것이 있다.

한 나라가 모든 교역 대상 품목을 최저 비용으로 생산할 순 없다. 최소한 하나 이상의 특정상품에서는 더 낮은 비용으로 생산하는 국가가 있다. 국제교역에 있어서 더 효율적으로 생산하는 곳이 있을 때 이런 상황을 특정상품의 생산에 '비교우위'가 있다고 말한다.

각 나라마다 비교우위가 있듯 각 개인에게도 비교우위가 존재한다.

물론 당신에게도 분명히 비교우위가 있다. 그것은 당신만이 가진 존귀한 가치이기에 다른 사람과 비교할 필요가 없다. 당신은 이미 이 지구상에서 가장 개성적인 사람이다. 세상을 바라보는 관점이나 시선이 독특하고 주어진 일을 잘 풀어갈 수 있는 능력을 이미 가지고 있다.

　지금 당신 안으로 여행을 떠나라. 그곳에서 또 다른 당신을 찾아내라. 그게 당신의 진짜 인생이고 남들 앞에서 당당할 수 있는 이유이며 최강의 무기가 될 것이다.

[Self development note]
비교로부터 자유롭고 평화로워지는 방법

우리는 매일 '누군가' 또는 '무언가'와 '현실'을 비교하며 괴로워합니다.

인정받고 싶어서, 누군가에게 지고 싶지 않아서, 자신이 옳다는 것을 증명하고 싶어서 수없이 남과 비교하면서 자신의 인생을 평가합니다. 생각대로 일이 잘 풀리지 않을 때는 이런 생각이 더욱 절절하게 떠오르지요.

그런다고 편안해졌습니까? 조금이라도 우리의 삶이 나아졌습니까? 절대 그렇지 않을 것입니다.

우리가 이 세상을 살면서 가장 괴로운 일이 이것입니다. 자신과 남을 비교하면서 수많은 상처를 받는 일, 이것으로 우리는 가슴에 수많은 화살촉을 갖다가 꽂습니다. 물론 이런 사람들도 있습니다. 무조건 참는 것이지요.

모든 문제를 남의 탓으로 돌리고 싶은 마음을 억누르는 것이지요. 그러면 모든 것이 괜찮아질 것이라고 생각합니다.

　하지만 참는다고 그 괴로움이 사라지지 않습니다. 마치 화석층처럼 층층이 쌓여 있을 뿐이지요. 그것은 언젠가는 폭발해버릴 것입니다. 평생 참고 살 수는 없는 일이니까요.

　근본적으로 무언가를 바꾸지 않으면 해결되지 않을 것입니다. 그것이 무엇일까요? 그것은 우리 '욕망'을 없애는 것입니다. 참는 것이 아니라 없애는 것이지요. 또한 '집착'으로부터 자유로워져야 합니다.

　모든 것을 있는 그대로, 좋은 것이든 나쁜 것이든 전부 받아들이는 것입니다. 해결책은 이것밖에 없습니다.

- 오구라 히로시 《비교하지 않는 삶》

존재감을 알리고 싶은 당신에게...

선물은 내용물은 물론
포장지 선택도 중요하다

사람은 자신의 삶을 돈처럼 저장할 수 없다.
사람이 건강을 아낀답시고 몸을 아끼다보면
스스로 불행하게 된다.
재능도 묻어 버리고 쓰지 않으면 썩는 법이다.
기억을 쓰지 않고 아끼는 사람은 기억을 잃게 되며,
사랑과 동정은 써서 없어지는 것이 아니라
쓰지 않아서 없어지는 것이다.
따라서 자기 자신을 쓰지 않고 아끼다보면
결국 스스로를 잃고 마는 것이다.

– 랄프 W. 소크맨

"이 제품의 힘은 바로 기술력이야. 기다리다 보면 언젠가
는 고객들이 알아줄 날이 올 거야."

"돈 아깝게 뭣 하러 마케팅 비용을 들여. 제품이 좋으면
잘 팔리겠지."

대부분의 회사는 신제품 개발에 사활을 건다. 막대한 시간과 돈과 인력을 투입한다. 타사 제품과의 차별화와 고유의 우수성이 회사의 비전이고 경쟁력이기 때문이다.

오랜 시간 공들여 마침내 신제품이 출시되었다 하자. 그런데 종종 신제품 출시로 할 일을 다 했다 생각하고 손을 떼는 경우가 있다. 중요한 건 지금부터인데 말이다.

신제품 개발에 쏟았던 열정만큼 마케팅과 홍보에도 관심을 쏟아야 하는데 그렇게 하지 않는다. 아무리 훌륭한 제품이라도 그 제품이 세상에 나온 줄 모르고, 소비자들이 알아주지 않는다면 그 제품은 아무 짝에도 쓸모가 없다. 결국, 그 제품은 세상에 알려지지도 못한 채 사라지고 마는 것이다.

훌륭한 내용물임에도 불구하고 포장이 허술해서, 사람들이 그 가치를 알아주지 않는다면 그것만큼 속상한 일이 어디 있겠는가. 내용물도 중요하지만 그 내용물을 돋보이게 하는 포장도 중요하다.

개인도 마찬가지다. 실력과 재능을 갖추는 게 기본이지만 그 기본에서 멈춰 있으면 안 된다.

'내 재능은 뛰어나니까 누군가가 알아주겠지.'

'겸손하라고 했어. 앞으로 나서는 건 천박한 짓이야.'

아무리 뛰어난 실력과 재능을 가진 사람이라도 마냥 기회가 오기만 기다리고 자신을 적극적으로 알리지 않으면 소용이 없다. 결국 세상에 나를 알아주는 이가 없으면 소외되기 마련이고 자신감도 떨어진다.

실력도 없으면서 홍보에만 열을 올리면 초반에는 시선을 끌 수 있겠지만 지속력은 담보할 수 없다. 사람들이 한 번 속지 두 번 속진 않기 때문이다. 경쟁력을 갖추려면 실력은 기본이다. 그리고 실력을 갖춘 후라면 반드시 자신을 알리는 작업이 필요하다.

요즘은 이른바 퍼스널 브랜딩(Personal Branding) 시대다. 개인만의 강점과 기술, 가치 등을 이성적이며 감성적인 조합으로 개인이 하나의 브랜드임을 일컫는다. 퍼스널 브랜딩 시대에 확고한 자리를 잡기 위해선 자신의 존재를 부각시키고 자신을 알리는 일에 적극적으로 나서지 않으면 안 된다.

비파를 산산조각내다

중국 당나라 때의 대문호인 진자앙의 일화를 주목하자.

진자앙의 문학적인 학식이나 글솜씨는 타의 추종을 불허했다. 그런데 안타깝게도 그런 재능이 세상 사람들에게 알려지지 않았다. 재능을 자만하고 때를 기다리고 있다가는 그 재능마저도 사라질 판이었다.

"이대로 있을 순 없어. 나를 알려야겠어."

그는 장터로 갔다. 장터 여기저기를 둘러보다가 그의 눈에 들어온 물건 하나가 있었다. 기타와 비슷하게 생긴 현악기 '비파'였다.

"이 비파는 얼마입니까?"

"당신의 행색을 보아하니 어림도 없을 듯합니다."

"그게 무슨 소리입니까? 나를 무시하는 거요?"

"백만 냥입니다. 됐습니까?"

워낙 가격이 비싸다보니 그 물건을 사려는 사람은 없고

구경꾼만 몰릴 뿐이었다.

진자앙은 비파 주인에게 말했다.

"내가 사겠소. 여기 백만 냥이오. 그리고 담부터는 겉만
보고 사람 무시하지 마시오."

진자앙이 비파를 손에 넣자, 구경꾼들이 그를 동그랗게
에워쌌다.

"한 번 연주해 보시오. 그 비싼 악기 소리 한 번 들어봅시
다."

진자앙은 고개를 내저었다.

"이 악기 가격이 무려 백만 냥입니다. 비싼 악기인데 함부
로 소리를 내고 싶진 않소. 소리를 듣고 싶으면 내일 선양성
에 있는 제 집으로 오십시오."

다음날, 진자앙의 집 주위에는 비파 소리를 듣고자 하는
사람들이 구름떼처럼 모여들었다.

"어서 들려주시오."

"알겠습니다. 그전에 먼 길 오느라 수고 많으셨는데 일단
음식 좀 드십시오."

진자앙은 사람들에게 음식을 베푼 후, 자신이 쓴 글을 사
람들에게 나눠줬다. 그러더니 갑자기 비파를 내리쳐서 산산

조각을 냈다.

사람들은 깜짝 놀랐다.

"도대체 그 비싼 악기를 왜 부수는 거요?"

"아무리 이 비파가 비싸다고 한들 제 글만 하겠습니까? 제가 나눠준 글을 한 번 읽어보십시오. 그럼 비파보다 더 아름답고 신비한 노래를 느낄 수 있을 겁니다."

이 일이 있는 후, 진자앙의 위상이 달라졌다. 그의 이름과 재능은 삽시간에 세상에 알려졌고 훗날, 그는 당나라를 대표하는 최고의 시인이 되었다.

'굿 아이디어'가 필요하다

자신의 재능이나 명성을 알리는 데 주먹구구식이면 별 소용이 없다. 큰 목소리로 떠들어댄다 해서 사람이 모이고 무조건 관심을 갖는 건 아니다. 사람들의 관심을 끌고 마음을 훔치기 위해선 전략과 아이디어가 필요하다.

중국 최고의 거상이 된 호설암의 행적과 일화를 정리한 《상경商經》에서도 전략의 중요성을 강조하고 있다.

'상인은 반드시 좋은 평판을 얻어야 하며 좋은 평판을 얻기 위해서는 옛 방식에만 얽매여서는 안 된다. 글로 쓰는 것은 말하는 것만 못하고, 자신이 하는 말은 남의 말만 못한 법이다. 자신이 자신에 대해 칭찬을 한다면 다른 사람들은 우선 반신반의하는 반응을 보이게 되지만 누군가 나에 대해 칭찬을 하게 되면 사람들은 무조건 이를 진실로 믿게 될 것이다. 방법이 잘못되면 좋은 평판을 얻기도 어려울 뿐 아니라 얻는다 하더라도 멀리 퍼져나가지 못한다. 병을 치료할 때도 처방에 따라 효과가 다르듯이 어떠한 방법을 쓰느냐에 따라 전달의 효과도 달라진다. 때문에 자신의 명성을 알리는 데에도 적절한 전략이 필요함을 명심해야 한다.'

영화홍보 업무를 대행하던 해리 라이헨바흐는 아이디어가 남달랐다. 그는 비상한 전략으로 관객들을 영화관으로 모이게 하는 데 성공했다.

1920년, 영화 〈금지된 여자〉가 개봉할 당시의 이야기다.

해리는 영화 홍보에 앞서 〈금지된 여자〉를 먼저 봤다. 내용은 그다지 훌륭하지 않았지만 그렇다고 내버려둘 순 없었다. 신통치 않은 영화이지만 그는 영화를 살리고 싶었다. 며칠 밤을 고심한 끝에 그는 꽤 괜찮은 홍보 아이디어를 생각해 내고 주요 일간지에 다음과 같은 광고를 냈다.

'2월 21일 하늘을 보십시오. 하늘이 초록색이면 카피톨 극장으로 오세요. 빨간색이면 리볼리 극장으로 오세요. 파란색이면 리알토 극장으로 오세요. 그날 밤하늘을 보면 최고의 영화가 어느 극장에서 상영되는지 알 수 있습니다.'

신문광고가 나오자, 사람들은 그 영화에 대해 궁금증을 품기 시작했다.

"그날 정말로 하늘에서 빛이 나올까?"

"도대체 무슨 영화이기에 저러는 거야."

해리는 일부러 영화에 대한 정보를 비밀로 붙였다. 사람들의 궁금증은 날이 갈수록 높아만 갔다.

드디어 2월 21일 밤이 되었다. 해리는 제일 높은 건물 꼭대기에서 거대한 빛을 쏘았다. 그 불빛은 초록색이었다.

"어, 초록색이다. 카피톨 극장이야. 어서 가자."

엄청난 인파가 카피톨 극장으로 모였다. 해리의 홍보 전략으로 영화 〈금지된 여자〉는 선전할 수 있었다.

지금은 광고의 시대이고 자기PR 시대이다.

롤프 루레더는 이렇게 말한다.

"닭은 알을 낳는다. 오리도 그렇다. 닭은 알을 낳을 때 요란한 소리를 낸다. 오리는 그렇지 않다. 당신은 오리알을 먹어본 적 있는가?"

겸손이 미덕이긴 하나 언제까지 겸손할 수만은 없다. 겸손과 소극적인 태도와는 구별되어야 한다. 겸손하되 자신의 존재를 알려야 할 때는 적극적으로 나서야 한다. 또한 가장 효과적인 최적의 방법이 뭘까에 대해서도 깊은 고민이 있어야 한다.

스티브 잡스는 말했다.

"우리 애플사에 대해 뭐라고 이야기하는지는 상관없다. 중요한 건 우리에 대해 이야기한다는 사실이다."

Question for you

1 ....

2 ....

3 ....

[Self development note]
효과적인 광고의 기술

1. 핵심의 원칙

투수가 여러 개의 공을 한꺼번에 던지면 포수는 당황한다. 던진 공은 여러 개지만 포수의 글러브는 하나다. 투수가 공을 한 개씩 던져야 포수는 그 공을 쉽게 잡을 수 있다.

전하고자 하는 메시지도 마찬가지다. 여러 개를 던지기보다는 핵심 메시지 하나만 던져라. 자신을 알리고 싶다면 너무 많은 것을 늘어놓기보다는 가장 차별화되고 강점인 것 하나를 던져라. 그렇게 하면 오래도록 기억될 것이다.

2. 스토리텔링의 원칙

아무리 톱스타가 출연했다고 해도 이야기가 없으면 재미가 없다. 아무리 똑똑한 교수라도 이야기가 없으면 수강생이 몰리지 않는다. 단순한 정보 전달의 여행서는 인기가 없다. 이론이나 정보는 대개 딱딱하고 지루하다. 그러나 이야기는 흥미롭고 호기심을 유발한다.

사람들은 이야기에 관심이 많다. 다소 부족하더라도 이야기꺼리가 탄탄하면 사람의 관심을 끌어모을 수 있다. 더욱이 그 이야기에 진심을 담고 웃음을 담고 감동을 담는다면 더더욱 흡입력이 강해진다.

내가 살아온 삶을 이야기로 만들어보자. 그리고 그 이야기를 자꾸 말해보는 것이다. 이야기의 힘은 세다. 사람들은 늘 이야기를 듣고 싶어하고 실제로 이야기를 통해 마음까지 주고받게 된다.

3. 웃음의 원칙

요즘은 강력한 카리스마 리더십보다 다른 사람들의 웃음을 끌어내는 리더십이 더 각광받고 있다. 웃음 안에는 심적 교류가 있고 원활한 소통이 있기 때문이다. 또한 웃음 앞에서는 모든 벽이 다 무너진다. 웃음이야말로 상대에게 가깝게 다가갈 수 있는 가장 강력한 무기이다.

웃기는 사람을 싫어할 사람은 없다. 유머집을 외워 써먹어 보는 것도 좋다. 썰렁하면 썰렁한 대로, 웃기면 웃기는 대로 통할 것이다. 자신을 알리는 데 유머만큼 유용한 것도 없다.

사람의 마음을 읽고 진심으로 다가가면
만남이 편안해진다

우리는 자기중심적일 때 외로움을 느끼게 되고
빈 가슴을 채워 줄 누군가를
간절히 원하게 된다.
우리들의 삶 가운데에서
누군가를 운명적으로 만나 사랑을 베풀 때
우리의 상처가 치유된다는 것은
참으로 역설적인 일이 아닐 수 없다.

– 카렌 케이시

혼자 웃을 때보다 여럿이 함께 웃는 게 더 행복하고 혼자 먹는 밥보다도 여럿이 함께 먹는 밥이 맛있다. 독백보다 여럿이 나누는 대화가 즐겁고 혼자 꿈꾸는 것보다 여럿이 함께 꿈꾸는 게 더 아름답다.

혼자보다는 함께가 좋다. '사람 인(人)'의 형태와 같이 서로 기대어야 비로소 인(人)이 완성되는 것처럼 사람은 혼자

서는 살 수 없다. 서로 교류하고 힘을 나누고 도움을 주고받는 것이다. 사람은 사회적 동물이니까.

이 세상 그 누구도 인간관계로부터 자유로울 수 없다.

태어나는 순간부터 거미줄 같은 인간관계는 시작된다. 부모와의 관계를 시작으로 유치원에 가면 친구와의 관계, 선생님과의 관계 그리고 사회인이 되면 얽히고설켜 인간관계는 더욱 복잡해진다.

미국 카네기연구소의 연구결과에 따르면 성공한 사람들의 성공요인으로 전문적인 지식이나 기술은 15퍼센트밖에 영향을 주지 않는 반면 나머지 85퍼센트가 인간관계에 있었다.

하버드대학교의 A.E 위건 박사는 실패한 사람들을 상대로 실패 원인을 분석했다. 그 결과 전문적인 지식의 결여로 실패한 사람들은 불과 전체의 15%밖에 안 되고 나머지 85%는 인간관계에 문제가 있었다는 것이다.

좋은 인간관계는 어떤 재물과도, 어떤 능력과도 바꿀 수 없는 귀한 보물이다. 사람은 서로 자라난 환경이 다르고 삶을 바라보는 시각과 개성이 다르기 때문에 타인과 마음을 나누고 내 편으로 만드는 게 쉬운 일은 아니다. 그렇기 때문에 최소한의 전략이 필요한 것이다. 전략이라고 해서 간교한 술수를 의미하는 게 아니다. 이때의 전략은 인간에 대한 예의이자 내 진심을 전하는 마음가짐에 가깝다.

첫인상의 위력

첫 만남에서 좋은 인상을 심어주는 게 좋다. 아무 준비도 없이 후줄근한 옷차림, 푸석한 얼굴빛, 껄렁한 표정으로 상대와 마주한다면 당연히 좋지 않은 인상을 상대에게 주게 된다. 그건 자신에게 마이너스일 뿐만 아니라 자칫 상대방의 마음을 상하게 할 수도 있다.

첫인상에 신경 써야 하는 이유는 그 사람의 전체적인 인상을 평가하는 데 이것이 큰 영향을 미치기 때문이다.

한 심리학자가 다음과 같은 실험을 했다.

학생들을 A반과 B반으로 나눈 후, 초청 강사의 성격에 대해 각기 다른 정보를 주었다. A반에게는 초청 강사가 다정하고 부드러운 성격이라 말했고 B반에게는 초청 강사가 까다롭고 엄격한 성격이라고 했다.

이어 초청 강사는 A반과 B반으로 들어가 강연을 했다. 강연을 마친 후, 학생들에게 강사에 대한 느낌을 물어봤다. 똑같은 강사의 똑같은 강연이었지만 A반 학생들이 B반보다 강사에 대한 호감도가 높았다. 선입관에 의한 것이라 할지라도 첫인상이 큰 영향을 미친다는 증거다.

그러므로 가능하면 첫 만남에서 좋은 사람이라는 평가를 얻는 것이 유리하다. 첫 만남에서 좋은 인상을 주지 못해 그 이후에 수습하려면 너무나 많은 수고를 쏟아야 한다.

프로이센의 뛰어난 군인이자 군사 이론가인 클라우제비츠는 《전쟁론》에서 이렇게 말했다.

"원래 사람은 좋은 것보다 나쁜 것을 쉽게 믿는 버릇이 있고 또 나쁜 것은 사실 이상으로 과장해서 생각하는 경향이 있다."

한 번 구겨진 인상은 아무리 성능 좋은 다리미로 다린다 해도 펴기 어려우니 처음부터 좋은 인상을 주도록 신경을 쓰는 것이 효율적이다.

우리는 특별한 관계라고 믿게 한다

첫 만남에서 좋은 인상을 줬다고 무조건 상대의 마음이 다 열리는 건 아니다.

대인관계 전문가 레스 기브린은 자신의 저서에서 이렇게 말했다.

"인간관계를 성공시키는 열쇠는 상대방의 참모습을 아는 데 있다. 상대방의 본질을 이해해야만 비로소 좋은 인간관계를 가질 수 있는 것이다. 다른 사람들이 정말로 바라는 것이 무엇인가를 알고, 그 욕구를 충족시켜 줄 방법을 찾아내도록 하라."

상대의 나머지 마음을 열게 하기 위해선 그 사람과 나 사이의 벽을 없앤다. 벽을 없애는 방법 중 최고는 서로의 공통점을 나누는 것이다.

한 여성이 화장품 매장에 들어서자 직원 한 명이 다가왔다.

"손님, 어서 오세요."

"피부가 너무 건조해서요. 괜찮은 제품 있나요?"

직원은 화장품 하나를 내밀며 기능에 대해 자세히 설명

했다.

그녀는 듣고만 있었다.

그러자 다른 직원이 여자에게 다가왔다.

"손님께서도 저처럼 피부가 건조한 편이네요. 이 제품 사용했더니 정말로 촉촉해졌어요."

"그래요? 그럼 이걸로 주세요."

여자는 망설이지 않고 바로 화장품을 구매했다.

두 사람 사이에 유사성이 있으면 그렇게 견고했던 마음의 벽도 금세 무너진다. '너와 나는 같은 편이야'라는 감정이 생겨 상대에게 호의를 느끼게 된다. 꼭 그런 건 아니지만 사람들은 대부분 자기와 비슷한 사람을 좋아하는 경향이 있다.

진심으로 다가가면 내 편이 된다

우리는 살아가면서 수많은 사람들과 인연을 맺는다. 그 중에 마음을 나눌 수 있는 관계는 몇이나 될까? 세상 모든 것이 가볍고 즉흥적으로 변해가듯이 인간관계도 가볍디가볍게 변하는 추세다. 그러나 이런 만남은 오래가지 못한다.

그렇다면 '평생 갈 사람'은 어떻게 얻을 수 있는가?

후한 말에 일어난 '황건적의 난'을 평정한 조조는 동탁이 죽은 뒤 후한의 실권을 장악했다. 이에 반해 유비도 '황건적의 난'을 평정하는 데 큰 공을 세웠지만 조조만큼 권력을 갖지 못했다. 조조를 이기기 위해 유비는 계략이 뛰어난 사람이 필요했다. 그때 떠오르는 인물이 있었다. 바로 제갈량이었다.

유비가 제갈량을 만나려 하자, 장비는 퉁명스럽게 말했다.

"형님, 왜 직접 가십니까? 명령만 내리면 부하들이 그 자를 데려올 텐데 말입니다."

"사람을 얻는 일인데 어떻게 그럴 수 있느냐. 중요한 건 마음이 통하는 것!"

유비는 제갈량을 만나기 위해 먼 길을 떠났다. 그런데 만나지 못했다.

첫 번째의 만남이 무산되고 겨울이 되었다. 엄동설한 모진 겨울바람을 뚫고 찾아갔지만 역시 제갈량을 만나지 못했다.

유비는 세 번째 만남을 위해 떠나기 전 점쟁이에게 들렀다.

"제갈량을 만나러 가려고 합니다. 길일을 정해주오."

점쟁이로부터 길일을 받은 유비는 삼일 동안 목욕재계를 하고 새옷으로 갈아 입은 후, 집을 나섰다.

세 번째 찾아갔을 때 제갈량은 낮잠을 자고 있었다. 유비는 그가 잠에서 깰 때까지 기다렸다. 제갈량은 한참 후에 일어났다.

"이렇게 누추한 곳까지 찾아와 주셔서 감사합니다."

"아닙니다. 사람을 얻는 일인데 열 번, 아니 백 번도 찾아와야지요."

"이러니 어찌 제 마음이 움직이지 않겠습니까?"

제갈량은 유비의 마음과 자세에 감격하여 결국 그에게 충성을 맹세했다.

자신을 낮추고 진심으로 다가가는 것이 사람의 마음을 얻을 수 있는 열쇠다.

Question for you

1
2
3

[Self development note]
달콤한 거짓말 칭찬을 애인에게

애인을 두고 싶은가? 그렇다면 그녀가 빼어난 용모로 마음을 사로잡고 말았다는 점을 주지시켜라. 그녀가 보라색 옷을 입고 있다면 보라색을 칭찬하라. 그녀가 비단옷을 입고 있다면 어느 누구보다도 잘 어울린다고 말해주라. 그녀가 노래를 부르거나 춤을 추면 끝에 가서 늘 "다시!"를 외치라.

그녀의 태도가 메두사보다 더 표독스러워 보일지언정 상냥하기 이를 데 없다고 말해주라.

– 오비디우스《사랑의 기술》

앙드레 지드

〈좁은 문〉의 작가 앙드레 지드는 그리 좋은 학생이 아니었다. 한마디로 문제아였다.

거짓말은 밥 먹듯이 하고 꾀병으로 3주간 학교를 빼먹은 적도 있다. 미래에 대한 꿈도 없고 열등감에 사로잡힌 나날이었다.

어느 날 수업시간에 선생님이 지드에게 시낭송을 시켰다. 지드는 감정을 듬뿍 실어 멋지게 시를 낭송했다. 선생님은 흡족해 하며 지드를 칭찬했다.

그 칭찬이 지드의 인생을 바꿨다. 지드는 문학청년이 되었고 최고의 작가가 되었다.

빌리 그레이엄

빌리 그레이엄 목사는 어린 시절 골칫덩이였다. 장난이 얼마나 심했는지 사람들은 수군거렸다.

"저 녀석은 커서 뭐가 되려고 그래?"

그렇지만 그의 할머니만큼은 달랐다.

"너는 말도 잘하고 사람들의 관심을 끌어모으는 마력이 있으니 그 재주를 잘 살려보렴."

할머니의 칭찬과 격려가 그레이엄에게 비전을 제시했다. 마침내 그는 사람들을 구름떼처럼 몰고 다니는 부흥 목사가 되었다.

찰스 디킨스

한 청년이 있었다. 그는 남들에 비해 모든 면에서 상황이 좋지 않았다. 학교는 겨우 4년밖에 다니지 못했고 아버지는 빚 때문에 감옥에 갔다. 굶주림은 일상이 되었고 지붕 밑 다락방에 간신히 몸을 눕힐 수 있었다.

그렇지만 그에게는 글에 대한 열망이 있었다. 틈틈이 쓴 원고를 여러 출판사에 보냈는데 모두 거절당했다.

그런데 한 편집장이 그의 글을 알아보고 칭찬했다. 그 칭찬 한 마디에 그는 아무리 힘들어도 펜을 놓지 않았다.

결국 그는 위대한 작가의 반열에 올랐다.

당신의 생각을 자세히 관찰하라.

그러면 그것은 말로 변할 것이다.

당신의 말을 자세히 관찰하라.

그러면 그것은 행동으로 변할 것이다.

당신의 행동을 자세히 관찰하라.

그러면 그것은 습관으로 변할 것이다.

당신의 습관을 자세히 관찰하라.
그러면 그것은 개성으로 변할 것이다.
당신의 개성을 자세히 관찰하라.
그러면 그것은
당신의 운명으로 변할 것이다.

'메트로폴리탄 밀워키 YMCA' 사보

자기
발전
혁명

익숙한 것과 결별해야
자기혁명이 시작된다

삶의 방법은 환경에 의해 좌우되지 않고
환경에 대한 자신의 태도에 따라 결정된다.
즉, 여러 가지 사건보다는
그 사건을 확인하려는
태도에 의해서 결정되는 것이다.
환경이나 일이
당신의 일생을 채색할 수 있지만
그 색의 선택권은 오직 당신에게 있다.

– 존 밀러

파스칼은 "습관은 제2의 천성으로 제 1의 천성을 파괴한다"라는 말을 남겼다.

아무리 타고난 천성이라도 반복적으로 학습된 새로운 천성과 부딪치면 원래의 천성은 결국 새롭게 만들어진 천성에게 자리를 내주고 만다.

사람은 습관의 지배를 받는다. '세 살 버릇 여든까지 간다'는 말이 괜히 나온 게 아니다.

한 청년이 길을 가다가 책 한 권을 주웠다.

그런데 그 책 안에는 놀라운 사실이 적혀 있었다. 어떤 금속이라도 순수한 금으로 변화시키는 조그마한 수정인 시금석이라는 게 있는데 그 시금석이 있는 장소가 적혀 있었다.

그는 하던 일을 다 팽개치고 책 속의 장소로 달려갔다.

"그래, 여기야. 바닷가 자갈밭."

백사장에는 수많은 자갈들이 깔려 있었다.

"분명 시금석이 이 자갈들 사이에 숨어 있을 거야. 그나저나 이 넓은 곳에서 시금석을 어떻게 골라내지?"

청년은 책을 폈다. 시금석은 다른 자갈들과 달리 따뜻한 촉감을 지녔다고 적혀 있었다.

청년은 자갈들을 하나하나 집어서 촉감이 따뜻하지 않으면 바다에 던졌다. 아무리 자갈들을 바다에 집어던져도 자갈은 줄어들 줄 몰랐다.

지치고 힘들었지만 그렇다고 포기할 순 없었다. 청년은 마치 기계처럼 자갈을 집어 바다에 던졌다.

한 달이 지나고 두 달이 지나고 어느덧 일 년이 지났다. 지칠 대로 지쳐 더 이상은 작업을 할 힘조차 없었다. 그런데 어느 순간, 자신의 손에 따뜻한 촉감의 자갈이 닿았다.

"어, 이건…. 맞아. 이게 바로 시금석이야. 드디어 찾았어!"

청년은 팔짝팔짝 뛰며 기뻐했다. 그 동안의 고생을 보상 받을 수 있게 된 것이다. 그런데 청년은 그만 실수를 하고 말았다. 여느 때와 같이 습관적으로 손에 쥔 시금석을 저 멀리 바다 속으로 던져버린 것이다.

청년은 땅을 치며 목 놓아 울었다.

미국 농구의 전설인 래리 버드의 일화이다.

그는 보스턴 셀틱스의 간판스타로 한 음료수 생산업체와 광고 계약을 체결하고 CF를 찍게 되었다. 콘티 내용은 다음과 같았다.

'래리 버드가 슛을 던졌는데 들어가지 않았다. 낙심한 래드 버드는 기분전환으로 업체의 음료수를 마셨다. 그런 후에 다시 공을 던졌는데 슛이 들어갔다.'

카메라가 세팅 되고 드디어 촬영에 들어갔다. 그는 첫 번째 슛을 날렸다. 콘티상 골이 안 들어가야 맞는 건데 그만 골이 들어가고 말았다. 재촬영에 들어갔다. 그런데 두 번째 숏 역시 골이 되고 말았다. 슈팅은 계속되었다.

그는 한숨을 내쉬며 중얼거렸다.

"골을 안 넣는 게 이렇게 힘들다니⋯."

틈만 나면 숏 연습을 했던 래리 버드에게는 골을 넣는 게 이미 습관이 되었던 것이다.

이처럼 습관은 우리가 생각하는 것보다 훨씬 강력한 힘을 가지고 있다. 한 번 굳어지면 깨기 힘든 것이 바로 습관이다.

그러나 습관은 다시 생성할 수 있다

대부분 사람들은 익숙한 것에 길들여져 있다. 매일 같은 길을 걷고, 같은 식당에 들러 같은 메뉴를 고르고, 같은 친구를 만나고, 매일 같은 생각을 한다. 익숙한 게 편하다. 익숙했던 것과 멀어지면 심적으로 불안하고 일도 손에 잡히지 않는다.

일군의 뇌 과학자들이 습관과 뇌의 활동에 관한 연관성을 실험했다.

익숙한 일과 낯선 일에 대한 뇌의 반응은 확실하게 달랐다. 익숙한 일을 할 때보다 낯선 일을 할 때 뇌의 움직임이 더 많다는 결론이 나온 것이다. 즉, 습관적인 일은 이미 뇌의 정보처리 패턴에 따라 에너지를 많이 들이지 않아도 되는 반면, 낯선 일에 대해선 더 많은 에너지를 분출한다는 거다.

연상선상에서 말한다면 오랜 시간 동안 담배를 피우고 술을 마시던 사람이 갑자기 금연이나 금주를 하면 어쩔 줄 몰라하고 불안해지는 금단증상이 찾아오는 것은 익숙한 것에 대한 뇌의 미련 내지 저항이라 볼 수 있다.

이처럼 뇌조차 습관에 길들어 있다. 그러나 여기서 놓쳐서는 안 되는 사실이 있다. 습관은 사람에 의해 만들어진 행위의 반복이라는 거다. 습관을 만드는 주체자는 바로 사람이다. 다시 말해서 습관을 없애고 다시 생성하는 것도 사람의 의지에 달렸다는 말이다.

익숙한 것이 좋고 편안하긴 하지만 그것은 어쩌면 현실에 안주하려는 안일함의 다른 이름이며 혁신과 도전을 방해하는 요소가 아닐까.

언제까지 습관과 타성에 젖어 살 것인가. 나쁜 습관의 고리를 끊어야 변화할 수 있고 발전할 수 있다.

결국 변해야 한다. 익숙한 것과 결별을 하고 낯선 것을 받아들여야 한다. 그 과정에서 또 시행착오를 겪게 되겠지만 그 모든 과정을 있는 그대로 받아들여야 한다. 그래야만 앞으로 나아갈 수 있다.

시골의사로 유명한 《자기혁명》의 저자 박경철은 그의 저서에서 이렇게 말했다.

"스스로 혁명가가 될 때 비로소 나는 나의 주인이 될 수 있다. 혁명성은 자신이 가지고 있는 것에 대해, 스스로 인식하는 것들에 대해, 자신이 사물을 바라보는 시각에 대해 새로움을 경험하는 것이다, 서슴없이 경계를 허물고 기존의 것을 타파하는 행동이 나를 혁명가로 만든다."

버릴 건 과감히 버리고 두렵지만 새로운 것을 받아들이고 기꺼이 극복해야 한다. 습관을 바꿔라. 그러면 당신이 바뀐다. 습관을 바꿔라. 그러면 미래가 바뀐다.

연습할수록 좋아지는 운

꿈을 이룬 사람들을 보면 대부분 좋은 습관의 소유자다.

여기서 말하는 좋은 습관이란 그들의 꿈과 열정과 노력이 담긴 노하우 내지 성공비법이다.

당신도 좋은 습관을 가지고 싶은가? 그래서 성공에 이르고 싶은가?

좋은 습관을 만드는 건 아주 간단하다. 멈추지 않는 지속적인 연습이다.

떠오르는 긍정적인 사고를 자꾸 반복해서 읽고 가슴속에 품고 지내는 것이다. 그것이 일상이 되듯 행동도 마찬가지다. 지속적인 연습을 통해 그 행위를 뇌에 입력하면 그게 곧 잠재의식 속에서 프로그램화된다.

위대함은 결코 좋은 환경이나 타고난 것이 아니라 만들어지는 것이다.

아놀드 파머와 함께 골프계의 양대 산맥을 이룬 골프의 전설 게리 플레이어의 일화다.

게리 플레이어는 국제적인 골프 대회에서 여러 번 우승을 차지했다. 그때마다 많은 기자들과 팬이 그의 주위에 모여들었다.

어떤 사람이 말했다.

"플레이어, 당신은 참으로 대단합니다. 나도 당신처럼 멋진 공을 날릴 수만 있다면 죽어도 여한이 없습니다."

게리 플레이어는 아무 말 없이 그저 미소만 보였다.

그런데 또 어떤 사람이 말했다.

"당신은 참 좋겠습니다. 어쩌면 그렇게 쉽게 잘 칩니까? 멋진 공을 자유자재로 칠 수 있다니….."

그 말이 귀에 거슬렸는지 게리 플레이어는 정색을 하며 대답했다.

"보기에는 쉬울지 몰라도 전혀 그렇지 않습니다. 한 타 한 타 치기 위해 제가 얼마나 힘든 시간을 보냈는지 아십니까? 매일 아침 다섯 시에 일어나 골프공 천 개를 쳐보십시오. 손에 물집이 생기고 그 물집이 터져 피가 철철 흐릅니다. 그렇다고 멈추는 줄 아십니까? 붕대를 감고 다시 나와 공을 또 천 개 칩니다. 이래도 제가 좋아 보입니까? 쉽게 치는 겁니까?"

잘하는 사람을 보면 참 손쉽게 하는 것 같이 보이지만 그렇게 되기까지 얼마나 많은 인고의 시간이 있었는지 알아야 한다. 눈 감고도 할 수 있을 정도의 경지에 오르기까지 얼마나 노력했는지 알아야 한다. 성공에는 속임수나 요행이 없다. 성공은 노력 곱하기 시간이다. 이것 없이 성공을 한다는 건 거의 불가능한 일이다.

게리 플레이어는 다음과 같은 멋진 말을 남겼다.

"사람들은 내가 운이 좋다고 말한다. 하지만 나는 알고 있다. 연습을 하면 할수록 운이 좋아진다는 것을."

운 좋은 삶을 살려면 다른 방법은 없다. 연습하고 또 연습해야 한다. 무의식적으로 행할 수 있을 정도로 몸에 배인 습관이 되어야 한다.

Question for you

1
2
3

[Self development note]
습관에 관한 소중한 문구

1. 새로운 문을 열어라

오래 전에 입구가 이중문으로 된 정부 건물에 들어간 적
이 있다. 두 문 사이의 거리가 4미터가 조금 넘는 자동문이
었는데, 보안상 이유로 첫 번째 문이 완전히 닫힌 후에야
다음 문이 열렸다. 첫 번째 문틈에 서 있는 한, 두 번째 문은
절대 열리지 않는다. 우리 인생도 비슷하다. 지난 일에 대
한 실망과 좌절감은 이제 그만 날려버려야 한다. 그 문을
완전히 닫아야 새로운 문이 열린다.

– 조엘 오스틴의 《잘되는 나》

2. 앞으로 앞으로 나아가라

과거는 잘했건 못했건 이미 지나가 버리고 지금 없는 것

이다. 잘했으면 한번 자축하고 지워 버릴 일이요 잘못했으면 같은 실수를 반복하지 않겠다고 한번 명심하고 불에 태워 버릴 일이다. 앞으로 앞으로 나아가야 하기에 인생의 여정에 어떠한 집착도 금기이다. 바람에 몰려가는 구름을 보고 이 지혜를 받아들이라.

– 곽노순의 《큰 사람》

3. 과거를 놓아주라

과거를 자유롭게 놓아주십시오. 과거를 놓아준 만큼 미래가 열립니다. 과거를 놓아주면 마음이 유연해집니다. 익숙한 것과의 이별. 습관과 우리를 신뢰하는 모든 것과 하루에 몇 번씩이라도 이별을 고하세요.

– 안젤름 그륀의 《머물지 말고 흘러라》

4. 일찍 바꿔라

습관은 마치 알지 못하게 땅 위에 사뿐히 내리는 눈송이 같아서 인생 속에 하나 둘이 쌓여도 별로 중요한 사건으로 보이지 않는다. 마치 눈송이가 쌓이고 또 쌓이듯, 우리의 작은 습관들이 쌓이고 또 쌓여 결코 바꿀 수 없는 습관으로 굳어버린다. 그리하여 폭풍이 불어 눈보라를 일으키고, 눈사태가 나게 하며, 산 아래 시민들을 덮쳐 목숨을 앗아가듯 위험한 습관으로 굳어버린 유해한 요소들이 개성의 격정으로 휘몰아치면, 진리와 미덕의 궁전을 산산이 부숴버릴 것이다.

– 토머스 벤덤

무기력하고 태만한 일상 속에 젖어 있는 당신에게...

열정만으로
90%의 문제를 해결할 수 있다

우리의 기록을 깨는 것,
어제보다 신명나게 사는 것,
상상외로 시련을 더 잘 이겨내는 것,
과거보다 마음을 더 잘 다스리는 것,
과거보다 힘차게 일하는 것,
이것이 진짜 앞서가는 것을 의미한다.
게임에서 어떤 이를 물리치고 승자가 되는 것,
아니면 패자가 되는 것은 별로 중요하지 않다.
우리 자신과의 게임에서 승자가 되는 것,
이것이 진짜 중요한 것이다.
우리는 과거보다 게임을 더 잘해야 한다.
그것은 인생 게임에서도 예외가 아니다.

– 말트비 배브콕

자동차가 움직이기 위해선 운전자가 필요하지만 그보다

근본적인 요소가 있다. 바로 엔진이 작동해야 한다. 그런데 엔진이 작동하려면 엔진을 움직이게 하는 연료가 있어야 한다.

한 청년이 운전하는 자동차가 길 위를 씽씽 달린다. 자동차가 좁은 외길로 들어선다. 그 뒤로 여러 대의 차들이 꼬리에 꼬리를 물고 있었다. 청년은 휘파람을 불며 운전을 즐긴다. 그런데 갑자기 자동차가 멈춰 섰다. 청년의 얼굴엔 당황한 기색이 역력했다. 시동을 다시 한 번 걸어도 소용없다. 게이지를 보니 연료가 바닥난 것이다.

뒤에 있던 차들이 난리가 났다. 청년은 어쩔 줄 몰라하며 발을 동동 굴렀다. 좁은 외길이라 길을 터줄 수도 없고. 연료가 조금이라도 있었다면 이 길을 벗어날 수 있는데… 어떻게 해야 할지 참으로 난감하고 머릿속이 하얘졌다.

연료가 없다면 엔진은 작동할 수 없고, 아무리 운전자가 노력해도 시동이 걸리지 않는다. 자동차를 앞으로 나아가게 하는 힘의 원천, 그 자리에 멈추게 하는 요인도 연료이다.

인생이라는 기관차를 움직이게 하는 힘은 열정

자동차 연료를 인생에 비유하자면 우리를 움직이게 하고 가슴 뛰게 하는 에너지, 바로 열정이다. 열정이 없으면 인생은 움직이지 않고 멈춰버린다. 남들은 꿈과 성공을 향해 고갯길을 열심히 넘어가는데 열정이 없으면 나 혼자만 그 자리에서 주저앉고 만다. 열정은 사람을 전진하게 하는 추진력이고 모든 장애를 뛰어넘는 점프력이다.

피터 드러커는 말했다.

"우리가 주목해야 할 것은 첨단기술이나 기계이다. 그러나 그보다 더 중요한 건 인간 그 자체이다. 열정을 지닌 인간이야말로 세상을 바꿀 수 있는 유일무이한 존재이며 가장 강력한 힘이다."

주타번 역시 열정에 대해 이렇게 말했다.

"물은 끓고 난 다음에 수증기를 발생시킨다. 엔진은 증기 게이지가 212도를 가리키기 전에는 1인치도 움직이지 않는다. 열정이 없는 사람은 미지근한 물로 인생이라는 기관차를 움직이려 드는 사람이다. 이때 일어날 수 있는 오직 한 가지

현상은 멈춰버리는 것이다. 열정은 불 속의 온기이며 모든 살아 있는 존재의 숨결과 같은 것이다."

열정이 성공에 있어 가장 중요한 요소 중 하나임을 부인할 수는 없다.

가슴이 가리키는 일에 열정이 있다

자신이 하는 일에 대해 유독 열정적이고 몰입도가 높은 사람들이 있다.

"그러다 쓰러지겠어. 이제 좀 쉬어."

일에 너무나 집중한 나머지 쉬라는 소리도 들리지 않는다. 힘들고 고달픈 일인데도 입가에 미소가 떠나지 않는다.

원래부터 타고난 것도 있지만 그들이 열정을 뿜어낼 수 있는 건 바로 그 일 속에 답이 있기 때문이다.

즉, 그 일이 얼마나 자신이 원하는 일인가 하는 것이다.

사찰을 짓는 세 명의 목수가 있었다. 무더운 날씨 탓에 일하기가 여간 힘든 게 아니었다.

지나가던 노인이 이들에게 물었다.

"날이 너무 덥습니다. 좀 쉬었다 하시지요. 그나저나 당신은 왜 이 일을 합니까?"

첫 번째 사람은 불만 가득한 표정으로 말했다.

"이런 날씨에 왜 일을 하겠습니까? 죽지 못해서 합니다."

두 번째 사람 역시 인상을 쓰며 말했다.

"가만히 있으면 누가 돈을 줍니까? 일을 해야죠. 먹고살기 위해서 어쩔 수 없이 해야죠."

세 번째 사람은 무더운 날씨 탓에 힘들 법도 한데 전혀 그런 내색이 없었다. 평화로운 표정으로 말했다.

"이 일을 왜 하느냐고요? 그야 좋아하기 때문이죠. 즐겁기도 하고요."

같은 일인데도 그 일을 억지로 하는 것과 좋아서 하는 것과는 천지차이다.

멋진 휴가, 멋진 차, 즐거운 여흥을 즐긴다 해도 자신이 하는 일에 대해 흥미가 없고 만족스럽지 못하다면 늘 찜찜하고 괴롭다. 반면 자기가 좋아하는 일은 아무리 어렵고 복잡한 일이라도 지치지도 않는다. 좋아하는 일을 하다가 밥 먹는 시간을 놓친 경험을 한 적이 있을 것이다. 하고 싶은 일을 하게 되면 우리는 온 정성을 다해 일을 하게 되고 내 안에 숨겨진 열정을 끄집어낼 수 있다.

세계에서 가장 성공한 부동산 투자자 도널드 트럼프는 말한다.

"억만장자들은 자신의 일을 사랑한다. 일이 돈을 벌어다 주기 때문이 아니다. 자신이 싫어하는 일을 하면서는 그처럼 부자가 될 수 없다. 부자가 되려면 가장 먼저 당신이 하는 일을 사랑해야 한다. 사랑이 이윤을 얻기 위해 필요한 에너지를 가져오기 때문이다."

워렌 버핏도 이렇게 말했다.

"자신이 좋아하는 일을 멈추지 말라. 목표를 달성하기 위해서는 자신이 좋아하는 일을 절대 포기하면 안 된다."

생계를 위해 어쩔 수 없이 해야 하는 일도 있겠지만 현실적인 면에서 조금은 손해를 보더라도 이왕이면 가슴을 뛰게 하는 일, 즐겁게 할 수 있는 일을 찾는 게 열정적인 삶을 사는 방법이 아닐까?

열망하고 행동하고 돌진하라

끊임없이 열망하는 사람들이 있다. 그 누구도 그들의 열정을 막을 수 없다.

스파키라는 한 소년이 있었다. 그 소년은 8학년 때 전과목 낙제를 받았고 고등학교 때 물리시험을 0점 받기도 했다. 한마디로 열등생이었다.

그럼에도 불구하고 소년은 기죽지 않았다. 가슴 안에 용광로보다 뜨거운 열망 하나가 있었기 때문이다.

'나는 세계적인 만화가가 될 거야.'

열망의 씨앗은 행동의 가지를 뻗게 했다. 고등학교 졸업 앨범에 자신의 만화 컷을 싣기 위해 그는 만화를 그려 여기저기 보냈다. 그러나 모두 되돌아왔다. 그 다음 행동으로 몇 장의 만화를 월트 디즈니 스튜디오로 보냈다. 며칠 후, 다른 테마로 다시 보내달라는 연락을 받고 며칠 밤을 새워 다시 그려 보냈다. 그러나 그에게 돌아온 건 거절 통보였다.

현실의 벽이 높다는 걸 깨닫는 순간이었지만 다시 또 시작하는 순간이기도 했다. 자신에게는 만화만이 전부이고 결국 큰 성과를 낼 거라는 믿음이 그에겐 있었다.

그는 다시 미친듯이 그리기 시작했고 이어 '찰리 브라운' 이라는 주인공을 만들어냈다.

그 만화가 신문에 연재되는 동안 열광적인 독자들을 양산했다. 그의 열망의 씨앗은 성취의 열매로 주렁주렁 열리게 되었다. 열망을 품고 행동하고 열정을 다해 성취한 이 소년이 바로 전설적인 만화가 찰스 슐츠이다.

1981년 늦은 여름, 창업자인 한 청년이 2명의 직원을 앞에 두고 귤 상자 위에 올라섰다.

"지금은 아무것도 없지만 분명 훗날에는 엄청난 기적을 이뤄낼 것입니다. 이제는 정보혁명 시대입니다. 컴퓨터가 세상을 바꿉니다. 저는 정보혁명의 핵심인 소프트웨어를 판매해 세계의 중심에 우뚝 설 것입니다."

청년의 연설이 끝나자, 직원들은 피식피식 웃었다. 사장이 제정신이 아니라고 판단하고 다음날 회사에 나오지 않는 사람도 있었다.

"그래, 지금은 내가 미친놈으로 보이겠지만 언젠가는 달라질 거야."

그 누구보다도 가슴이 뜨거운 이 청년이 일본 소프트뱅

크의 창업자 손정의다. 열망이 그를 성공으로 이끈 것이다.

열망에 대해 미국의 철학자이자 심리학자인 윌리엄 제임스는 이렇게 말했다.

"어떠한 분야에 있어서도 궁극적인 힘이 되는 것은 목표를 향한 열망이다. 결과에 대한 마음이 실로 절실하다면 확실히 그 결과에 도달할 수 있다. 선인이 되고자 한다면 선인이 되는 것이다. 부자가 되고 싶다고 갈망하면 부자가 될 수 있다. 학자가 되고자 하면 학자가 될 수 있다. 다만 이 경우에 필요한 것은 목표로 정한 것 이외에 다른 것에 신경 쓰지말고 오로지 그것만을 진정하게 염원해야 한다는 것이다."

지금 가슴 위에 손을 얹어보라. 뜨거운가, 아니면 차가운가?

그 열정은 외부로부터 오는 게 아니다. 가슴속에서부터 시작되는 것이고 가슴속에서 완성되는 것이다. 열정, 그것은 자기 인생에 대한 예의이고 그 어떤 문제라도 90%는 해결할 수 있는 해법이다.

그런 열정을 갖고 있는지 다시 한 번 스스로에게 물어보라.

[Self development note]
열정이 뭡니까?

다음은 철강왕 앤드류 카네기가 나폴레온 힐과 나눈 대담
이다.

나폴레온 힐이 카네기에게 물었다.

"회장님, 열정이란 무엇입니까?"

카네기는 이렇게 대답했다.

열정은 사고를 유연하고 강렬하게 해줍니다.

열정을 가진 사람은 목소리에 힘이 실려 있고,

다른 사람을 즐겁게 해 주며 강한 인상을 심어 줍니다.

열정이 없는 세일즈맨이 아무리 물건을 사라고

떠들어봤자 사겠다는 사람이 있을까요?

일상적인 대화에서도 마찬가지입니다.

재미없는 주제일수록 흥미를 느끼게 만드는 열의가 필요합니다.

반대로 아무리 재미있는 얘기도 열의가 없으면 지루하게 느껴질 겁니다.

열정은 사람을 진취적으로 만들어 줍니다.

열정을 느끼지 못하면 성공을 기대할 수 없기 때문이지요.

열정은 육체의 피로뿐 아니라 나태함까지도 극복하게 해 줍니다.

열정은 부정적인 생각과 근심, 두려움을 몰아내고 신뢰감을 줍니다.

열정은 자신의 행동을 지속하려는 의지와 일맥상통합니다.

의지, 인내, 열정은 서로 통하는 에너지입니다.

정적인 에너지를 활동적으로 바꾸는 것이 바로 열정입니다.

— 나폴레온 힐 《놓치고 싶지 않은 나의 꿈 나의 인생》

자신을 미워하는 당신에게...

남을 사랑하기 전
미칠 듯이 자신을 사랑해도 좋다

위대한 사람은 자기 자신을 정복한 사람이다.

그는 질서 있고 절제하며 의미 있는 생활을 하는 사람이다.

다시 말해서 그는 아무 목적 없이 이기적인 사람이 아니다.

사람은 자기의 일생을 어떻게 살 것인지 생각해야만 발전할 수 있다.

그래야만 영감과 희망을 가질 수 있기 때문이다.

만일 당신이 일생을 어떻게 살 것인지를 충분히 생각한다면

당신은 신과 동행하게 될 것이다.

– 하롤드 옥스레이

뭐가 그렇게 잘났는지 입만 열면 자기자랑을 하는 사람
들, 잘난 척하는 사람들이 있다.

그런 사람들 주위엔 사람이 모이지 않는다. 누가 '재수없
는' 사람을 가까이 하겠는가?

자기자랑을 삶의 낙으로 삼는 사람들은 심각한 '공주병'

내지 '왕자병'에 걸린 게 분명한데 이 병은 불치병이라 아무리 실력이 뛰어난 의사라도 고치기 힘들다.

이런 종류의 병을 정신분석학적으로 접근하면 나오는 용어가 있다. 다른 사람도 아니고 바로 자신의 모습에 푹 빠진 '나르시시즘(narcissism)'이다.

물속으로 들어간 나르시스는 어떻게 되었을까?

나르시스라는 목동이 있었다.

그의 용모는 뛰어나서 요정들에게 인기가 아주 많았다. 나르시스는 수많은 요정들의 프러포즈를 거절했다.

그러던 어느 날, 나르시스는 양떼를 몰고 호숫가를 거닐다 우연찮게 물속에 비친 자신의 모습을 보게 되었다. 자기 자신이 이렇게 멋지고 잘생겼다는 사실을 처음 알게 된 것이다.

'어쩜 이렇게 멋있을 수 있단 말인가!'

순식간에 그는 자신에게 빠져들었다. 누구나 그러하듯 사랑의 감정이 생기기 시작하면 욕심 또한 생기기 마련이다.

더 가까이 다가가고 싶고 만져보고 싶고.

그는 물 위에 비친 자신의 얼굴을 만지려고 손을 뻗었다가 급기야 물속으로 들어갔다.

나르시스는 어떻게 되었을까? 허무하게도 물속에 빠져 죽고 말았다.

'나르시시즘'은 그리스 신화의 나르시스 이야기에서 유래되었다.

지나친 비하보다는 자아도취에 빠지는 게 낫다

혹시, 주위에 '나르시시즘'에 빠진 사람이 없는가?

재수는 좀 없지만 그런 사람들을 따돌리고 배척할 필요는 없다. 긍정적인 측면에서 본다면 그들에게서 분명 배울 점이 있다.

자아도취에 빠진 사람들은 대부분 '자애주의자'이다. 다시 말해서 자기를 사랑하는 마음이 보통 사람들에 비해 많다. 또한 그들은 자기 위주로 생각하기 때문에 다소 이기적인 측면이 있긴 하지만 자신의 삶을 긍정적으로 바라보는 경향이 있다.

사실, 자기 자신을 사랑한다는 게 그리 쉬운 일은 아니다. 우리가 살아왔던 지난 삶을 한 번 되돌아보자.

당신은 자기 자신을 사랑한 적이 많은가, 아니면 자학하고 짜증내고 미워한 적이 많은가?

"그깟 발표가 뭐가 어렵다고 그렇게 떨었지? 어휴, 나 같은 건 죽어야 해!"

"내 눈은 왜 이렇게 단추구멍 만해! 어휴, 이러니 누가 날 좋아하겠어."

"남들을 잘나가는데 왜 나는 늘 이 모양 이 꼴이야. 난 뭘 해도 안 되는 놈이야."

"하필 이렇게 가난한 집에서 태어났는지 모르겠어. 난 내가 정말 싫어."

인간은 완벽한 존재가 아니기에 실수도 하고 실패도 하고 절망의 늪에 빠지기도 한다. 그런데 지나치게 자신을 학대하거나 더 깊은 절망으로 몰고 가는 사람들이 많다.

그런 점에서 한 번 더 생각해보면 '공주병'이나 '왕자병'에 걸린 자아도취형 인간들의 사고 및 삶의 태도가 어쩌면 더 현명한 방식인지 모른다. 그들은 불리한 상황에서도 끊임없이 자신의 장점을 부각시키고 그다지 내세울 게 없는데도 자랑거리를 계속해서 늘어놓는다. 그리고 자기는 언제나 세상의 관심과 사랑을 받아야 한다고 생각한다. 뻔뻔하게 보일 수도 있지만 그건 또 다른 자신감의 표현일 수도 있다.

이런 마인드는 고난과 역경에 처했을 때 빛을 발한다. 극복할 수 있는 힘이 넘치는 것이다. 괜히 자신을 과소평가하고 자신을 학대하는 사람보다는 훨씬 낫다.

물론 주의할 점이 있다. 지나친 자아도취는 자신에 대한 주변 사람들의 의견이나 비판에 대해 철저히 외면하고 자칫 외부와 벽을 쌓아 고립될 수가 있다. 또한 자만심에 빠질 수도 있다. 외부와의 소통을 원활히 하고 자만심을 경계만 한다면 자아도취나 나르시시즘을 무조건 거부할 이유는 없다.

자아도취는 자신감 혹은 신념으로 발전될 수 있다

가수와 배우로 활약하고 있는 엄정화는 어느 인터뷰에서 다음과 같이 말했다.

"자신감이 없는 가수는 무대에 올라오자마자 관객을 제압할 수 없고 배우도 한 장면 한 장면 촬영을 할 때 끊임없이 마인드컨트롤을 하지 않으면 단 한 줄의 대사도 읊을 수 없습니다. 자신에게 끊임없이 좋은 에너지를 불어넣는 의미의 자아도취는 필요합니다."

그녀는 연예활동에 있어 자아도취를 긍정적인 측면에서 잘 활용하고 있다. 그래서 그런지 몰라도 그녀는 늘 밝고 진취적이며 도전적이다.

그런데 비단 연예인에게만 그런 자아도취가 필요한 걸까?

이 세상은 혼자 살아갈 수 없다. 사람들과의 관계 속에서 내가 존재하는 것이다. 그러므로 내 존재와 내 생각과 내 장점을 적극적으로, 제대로 알리는 게 필요하다.

자아도취를 그저 자기자랑이나 잘난 척으로 치부해선 안 된다. 자아도취를 제대로 활용한다면 그건 삶의 활력소가 되고 더 나아가 운명을 바꾸는 출발점이 되기도 한다. 자아도취가 자신감이나 신념으로 발전한다면 엄청난 힘을 발휘할 수도 있다.

이제 당신도 당신 자신에게 하트를 날려라. 아끼고 보듬어주고 사랑하라. 자신을 사랑하는 자가 남도 사랑할 수 있는 법이다. 무슨 일이든 해낼 수 있다는 믿음을 가진 자가 더 큰 성과를 얻을 수 있다. 그러니 오늘부터는 밖으로 향한 마음의 키를 먼저 안으로 돌려라.

남을 사랑하기 전, 먼저 자기 자신을 미칠 듯이 사랑해도 괜찮다. 누가 뭐라 할 사람 아무도 없다.

Question for you

1 ....

2 ....

3 ....

[Self development note]
자기 자신을 사랑하는 방법

1. 거울을 자주 보라

샤워를 마치고 거울 앞에 선 당신, 젖은 머리를 쓸어 올리며 이렇게 말한다.

"이 정도면 괜찮은 걸."

아무리 못난 사람도 어느 순간에는 거울 속 자신에게 만족할 때가 있다. 뛰어난 외모는 아니지만 그래도 봐줄만하다고 생각할 때가 있다. 못난 사람도 자주 보게 되면 정이 든다는 말이 있다. 자신의 모습이 불만이 많다면 오늘부터 거울을 자주 들여다보라. 그럼 분명 괜찮은 구석을 발견하게 될 것이다.

하루가 지나고 또 하루가 지나면 괜찮은 구석은 점점 많아질 것이다. 누구나 다 거울 앞에 서면 멋져지고 싶다. 거울의 마력이다. 거울 앞에 서는 시간이 많으면 그만큼 더 자기 자신에게 신경을 쓰게 되고 결국은 당신도 멋쟁이가 될 것이다. 거울 속 자신의 모습에 푹 빠질지도 모른다.

2. 있는 그대로를 수용하라

완벽함을 추구하는 건 좋은 일이긴 하나 실수로 인해 불완전한 상태가 오더라도 덤덤하게 받아들이는 것이 좋다. 성공한 인생, 잘나가는 인생, 성취하는 인생만이 인생이 아니다. 어눌하고 넘어지고 방황하는 인생도 분명 인생이다.

강하면 부러지기 마련이다. 완벽하면 피곤해지기 마련이다. 모자란 부분이 있다고 해서 자학하지 않는다. 때론 있는 그대로를 수용하라. 그리고 작은 일에도 자신을 칭찬하고 격려하라. 자존심은 남이 세워주는 게 아니라 나 스스로 세우는 것이다. 나 스스로를 인정하고 나 스스로에게 관대하고 나 스스로에게 따뜻해야 그 행복한 기운이 남들에게 전파된다. 있는 그대로의 자신의 모습을 사랑할 수 있도록 노력하자.

3. 잘하는 것 하나를 찾아내라

"나 같은 건 쓸모없어!"라고 말하는 사람이 있다. 그건 인생에 대한 모독이고 자신에 대한 쓸데없는 시비다.

이 세상에 쓸모없는 사람은 없다. 어떤 사람일지라도 한 가지 잘하는 건 있기 마련이다. 신은 쓸모없는 사람을 이 세상에 보내지 않았다. 내 안의 재능은 여러 개일 수도 있고 단 하나일 수도 있다. 중요한 건 찾아내는 거다. 그것을 찾아내는 데 오랜 시간이 걸릴 수도 있고 쉽게 찾을 수도 있다. 내가 좋아하고 잘할 수 있는 일과 만나는 순간, 인생은 발전하게 되고 깊어지고 행복해질 것이다.

잘하는 것을 찾은 나, 잘하는 것을 하는 나, 잘하는 것으로 우뚝 서는 나, 그런 나의 모습을 상상하자.

성공은 저절로 굴러오는 것이 아니라 만들어내는 생산품이다

일을 즐기기 위해서는 자기 자신이
어떤 하나의 목표를 향하여 열심히 전진해 나가고
있다는 것을 느끼고 있어야 한다.
목적 없이 일하거나, 빙글빙글 원을 그린다거나,
멍하니 그냥 일만 하는 것은 금물이다.
중요한 것은 당신이 인생의 목표를 가지고 있다는 것이며
당신의 정열과 시간이
자신을 어떤 목표로 이끌어가고 있다는 사실을 느끼는 것이다.

– D. 웨이트리

성공이란 무엇을 말하는 걸까? 성공에 대한 사람들의 기준과 생각은 저마다 다르다. 돈을 많이 버는 걸 성공이라 말하는 사람이 있는가 하면 명예로운 삶을 사는 게 성공이라 말하는 사람도 있다.

이렇게 생각하는 사람도 있을 것이다. 가진 것 없고 내세울 만한 것 없지만 하루하루 감사하며 사는 것이 진정한 성공이라고.

이처럼 사람들마다 성공에 대한 기준이 다르다. 2더하기 2는 4인 것처럼 공식화할 수도 없고 규정할 순 없다. 그러나 분명한 건 성공을 바라보는 시각차는 존재하지만 누구나 다 성공을 원한다는 거다.

사람들의 머릿속을 들여다볼 순 없지만 아마도 성공에 대한 생각이 상당 부분 차지할 것이다. 성공을 원치 않는 사람은 없을 것이다. 어쩌면 성공적인 삶을 성취하기 위해 앞으로 달려가는 게 대부분 사람들의 살아가는 이유인지도 모른다.

누구나 성공을 꿈꾸지만 아무나 성공을 이룰 순 없다

성공을 다 이룬다면야 얼마나 좋겠는가. 그러나 인생은 냉정하고 분명한 측면이 있다. 모든 사람들에게 성공이 골고루 분배되지 않는다.

차이가 있게 마련이다. 누군가는 성공을 꿈꾸는 것만으로 끝나는 사람이 있는가 하면 또 누군가는 반절의 성공을 이루기도 하고 또 누군가는 꿈꾸는 것을 완전히 성취한다.

그렇다면 성공은 어디서 오는 걸까? 일단 성공을 이루는 데 필요한 요소부터 알아보자.

먼저 실력이다. 실력이 결여된 상태에서는 뜻한 바를 이룰 수 없다. 운과 기회가 넝쿨째 들어온다고 해도 그때뿐이지 실력이 없으면 앞으로 더 나아갈 수 없다.

성공을 이루는 데 필요한 요소로는 목표 설정과 성실, 끈기 등의 덕목이 필요하다. 독불장군처럼 혼자 잘났다고 성공할 수 있는 게 아니기에 상대를 배려하는 마음과 파트너와의 원활한 소통도 필요하다.

성공한 사람들은 작은 일을 소홀하게 대하지 않는 데 공통점이 있다. 다시 말해 기본에 충실한 것이다. 성공을 위해 하나 둘 실력을 갖추는 데 게으름 피우지 않고, 목표설정을 한 후 그것을 이루기 위해 열정을 쏟고, 대인관계에 있어서도 믿음과 신뢰로 탑을 쌓아간다. 그리하여 성공의 길에 이를 수 있는 것이다.

마음으로부터의 자기확신

성공 요소들을 갖추고 충실히 이행한다면 보다 성공에 가까워질 수 있다.

그런데 이러한 요소들을 갖추고 강력한 추진력으로 실천하기에 앞서 본질적인 것이 먼저 선행되어야 한다. 그건 바로 '마음으로부터의 자기확신'이다. 자기확신이 없다면 아무리 좋은 기회가 온다 해도 그것을 기회로 살리지 못하고 외면하고 만다.

심리학자 리처드 드샴은 자기확신을 토대로 인간을 두 종류로 나누고 있다.

하나는 '오리진(origin)형 인간'이다. 그들은 자신의 운명과 마음을 자신이 지배한다고 생각한다. 환경이나 타인에 의해 영향을 받는 게 아니라 스스로의 선택과 결단을 믿는다. 또한 자신에게 잠재적인 힘이 있다고 강하게 믿는다.

또 하나는 '코마(coma)형 인간'이다. 그들은 타인에 대한 의존도가 높아 결단력이 부족하고 소심한 데가 있고 자기의심이 많다.

자기확신이 없는 사람은 주위 환경에 끌려다니고 귀가 얇아 다른 사람들의 말에 흔들리게 된다. 그러면 자연히 불안과 근심이 찾아오고 결과적으로 꿈과 성공도 멀어지게 된다.

자기확신의 힘은 이 세상 그 어떤 힘보다 강하다. 자기확신이 강한 사람은 대체로 긍정적이고 부지런하고 자신감이 넘친다. 역경과 고난 속에서도 반드시 해내겠다는 신념이 있고 앞으로 밀고 나아가는 추진력이 있다.

자기확신을 달리 말하면 잠재된 자신의 능력에 대한 무한 신뢰라 말할 수 있는데《신념의 마력》의 저자인 클로드 브리스톨은 잠재력에 대해 이렇게 피력했다.

"머릿속에서 번쩍 스쳐가는 순간적인 생각들은 그 당시가 아니면 곧 잊어버리는 찰나적인 것이다. 그러나 잠재의식은 하나의 커다란 기우로서 그것을 동원하는 힘을 지속하는 염력, 혹은 이미 말한 바와 같이 마음속에 명백히 고정된 영상이다. 잠재의식을 동원키 위해서 현재의식의 파동의 템포를 높이는 방법은 여러 가지가 있다, 단 한 마디의 발언, 서로가 주고받는 한두 마디의 간단한 말, 그에 따르는 눈짓만으로도 잠재의식은 활동을 시작할 수 있다. 또 재앙이나 큰 위험이 눈앞에 닥쳐 즉각적인 행동을 일으킬 필요를 느끼면 잠재의식은 홀연히 행동을 개시한다. 거의 순간적으로 속단을 내리는 것이다."

무엇이 꿈과의 거리를 단축시키는가

여기 한 사람이 있다. 바로 미국의 영화배우 '아놀드 슈왈제네거'이다.

《꿈을 이루게 해주는 특별한 거짓말》의 저자이자 대중연설가인 스티브 챈들러는 1976년, 잡지에 기사를 쓰기 위해 아놀드 슈왈제네거와의 만나 점심식사를 한 적이 있다. 그때 당시만 해도 아놀드는 무명에 가까운 배우에 불과했다.

스티브가 물었다.

"제가 알기로는 그 동안 보디빌더로 활동한 걸로 아는데 이제는 그 일을 그만 두셨죠? 앞으로의 계획은 무엇인가요?"

"저는 할리우드를 뛰어넘어 세계 최고의 배우가 될 것입니다."

이제 갓 영화에 데뷔한 신인배우의 입에서 나온 말치고는 허황되고 버릇이 없게 느껴졌는지 스티브의 얼굴이 약간 일

그러졌다.

"…예, 알겠습니다. 그런데 무슨 수로 세계 최고의 배우가
될 건가요?"

그러자 아놀드는 자신감 넘치는 목소리로 말했다.

"세계 최고의 배우가 되겠다는 건 빈말이 아닙니다. 가능
한 일입니다. 저는 매일 세계 최고의 배우로 살고 있습니다.
원하는 모습을 하루도 빠지지 않고 계속해서 상상하면 언젠
가는 꿈을 이룰 수 있죠."

스티브는 아놀드의 말이 터무니없는 소리로 들렸다. 그렇
지만 기사를 써야 하기에 마지못해 기자수첩에 받아 적었다.

세월이 흘렀고 정말로 아놀드는 그가 공언한 것처럼 세계
최고의 배우가 되었다. 그뿐만 아니라 아놀드는 정치에 입
문, 캘리포니아 주의 주지사가 되었다.

그다지 주목을 받지 못했던 무명의 배우가 최고의 배우가
되고 주지사까지 될 수 있었던 힘의 원천을 자기확신에서 찾
는다 해도 그리 틀린 말은 아닐 것이다. 자기확신은 많은 성
공요인 중에서 가장 근본적이면서도 가장 강력한 비법이다.
'나는 할 수 있고, 나는 사랑받아야 마땅한 존재이고, 나는
좋은 점이 많다'고 하루도 빠지지 않고 자신에게 주문을 걸

고 진짜로 그렇게 믿는다면 눈이 쌓이듯 잠재의식 속에 그 생각과 신념이 자리잡는다. 그래서 자신이 바라는 사람이 되고 결국 꿈과 목표를 이룰 수 있게 되는 것이다.

오늘 당신은 어떤 생각을 하고 있는가? 당신은 무엇을 꿈꾸는가?

원하는 것, 이루고 싶은 것, 갖고 싶은 것은 저절로 오지 않는다. 머릿속으로 끊임없이 외치고 계획하고 실행해야 한다.

성공은 발견이 아니라 생산이다.

[Self development note]
행동을 유발하는 꿈의 기록장 작성하기

나는 '집을 원한다'라거나 '백만 달러를 벌겠다'와 같이 애매하고 고원한 목표들을 기록하지 않기 위해 주의하였다. 그 대신 '학생들을 가르치는 대학에서 20여 분 거리에 있고, 덴버대학 변두리에 위치한 100에이커의 산림지대'라고 적었다. 심지어 나는 대학생들에게 임대해줄 수 있는 방들까지 계획하였다. 이처럼 나는 아주 구체적으로 꿈을 꾸었던 것이다.

당신은 다음과 같은 속담을 들어본 적이 있을 것이다.

"자신이 바라는 바에 대해 신중해져라. 왜냐하면 실제로 그것을 얻을 수 있기 때문이다."

이것은 분명한 사실이다. 물론 덴버대학에서 20분 거리에 있으며 피칸 숲과 호수 옆에 위치한 100에이커의 산림지대 그리고 주택에 대한 나의 꿈은 현실화되지 못했다. 왜냐하면 내가 켄터키 주의 루이즈빌로 이사했기 때문이다.

하지만 나는 호숫가의 100에이커 부지를 소유하고 있고 그 안에 피칸 숲까지 갖고 있다. 내 서면 계획서의 내용과 놀라우리만치 비슷하게 실현된 것이다.

- 콘웨이 스톤《변화하라 그렇지 않으면 꿈은 사라진다》

당신 안에 잠들어 있는 꿈을 깨워 펜을 들게 하라. 그 펜으로 꿈을 적어라. 계획, 실행방법, 결과처럼 3단계로 기록하라. 꿈의 내용을 적을 때는 구체적으로, 실행방법도 구체적으로 또한 실천여부와 결과에 대해서도 상세히 기록하라. 기록으로 옮긴 꿈은 반드시 실현될 것이다.

제1단계 계획

제2단계 실행방법

....

....

....

....

....

제3단계 결과

....

....

....

....

....

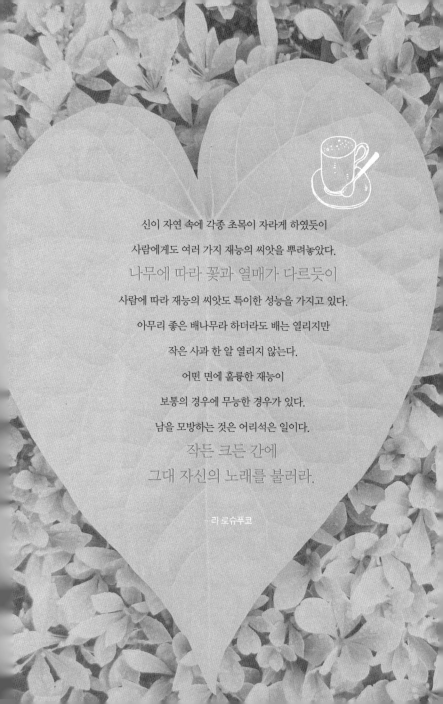

신이 자연 속에 각종 초목이 자라게 하였듯이

사람에게도 여러 가지 재능의 씨앗을 뿌려놓았다.

나무에 따라 꽃과 열매가 다르듯이

사람에 따라 재능의 씨앗도 특이한 성능을 가지고 있다.

아무리 좋은 배나무라 하더라도 배는 열리지만

작은 사과 한 알 열리지 않는다.

어떤 면에 훌륭한 재능이

보통의 경우에 무능한 경우가 있다.

남을 모방하는 것은 어리석은 일이다.

작든 크든 간에

그대 자신의 노래를 불러라.

— 라 로슈푸코

배우고 채우고 관리하는 현명한 선택

지속발전가능성

똑같은 사람과 똑같은 일을 하면서
발전을 원하는 건 욕심이다

 누구나 자기가 최고라고 생각한다.
그래서 많은 사람들이 이미 경험한 선배의
지혜를 빌지 않고 실패하며
눈이 떠질 때까지 헤매곤 한다.
이 무슨 어리석은 짓인가.
뒤에 가는 사람은 먼저 간 사람의 경험을 이용하여,
같은 실패와 시간낭비를 되풀이하지 않고
그것을 넘어서 한 걸음 더 나아가야 한다.
그것을 잘 활용하는 사람이 지혜로운 사람인 것이다.

— 괴테

성공과 창조 역시 경험으로부터 나온다

스티브 잡스는 대학교를 중퇴했다. 그는 대학교 중퇴 이유를 스탠포드 대학 졸업 축사에서 다음과 같이 밝혔다.

"서민층에 속하는 저의 부모님의 저축액이 몽땅 제 등록 금으로 쓰여질 처지가 되어버린 거죠. 입학한 지 6개월이 지 난 후에 저는 대학교가 그만한 가치가 없다고 결론을 내렸습 니다. 그런 곳에 부모님이 평생 동안 저축한 돈을 몽땅 쏟아 부을 수는 없었습니다. 그래서 저는 학교를 그만두기로 결심 했죠. 사실 그 당시에는 많이 두려웠습니다."

그렇다고 그가 학교를 완전히 떠난 건 아니었다. 그 후, 그는 캠퍼스 내 이곳저곳을 어슬렁거렸다.

그러던 어느 날, 우연히 그의 눈에 들어온 강좌 하나가 있 었다. 그건 바로 '타이포그래피(글자를 다루는 시각 디자인의 한 분야)'였다. 그는 타이포그래피 강좌를 들었고 그 강좌를 통 해 글자체가 다양한 형태로 표현될 수 있고 심지어 예술적인 아름다움이 있음을 알게 되었다.

그리고 몇 년 후, 그는 애플이라는 회사를 차렸고 컴퓨터 를 출시했는데, 예전에 타이포그래피 강좌에서 배웠던 그 경 험이 컴퓨터의 수려한 서체를 만드는 데 큰 영향을 끼쳤다.

과거 어느 시점의 짧은 경험 또는 인연이 인생의 어느 순 간과 절묘하게 연결이 될 수도 있다는 것이다. 어떤가? 이 세상에는 쓸모없는 경험도 없고 경험의 위력이 있을 뿐이다.

경험이 운명을 바꿀 만한 좋은 아이디어로 탈바꿈한 예가 또 하나 있다.

바로 월트 디즈니의 경우이다. 그는 미키 마우스라는 캐릭터를 만들기 전까지는 실패의 연속이었다. 제대 후, 광고 대행사에 취직해 그곳에서 만화를 그렸지만 한 달 만에 편집 장에게 재능이 없다는 이유로 쫓겨나고 말았다.

친구와 함께 '래프—오—그램'이라는 애니메이션 회사를 설립해 단편 만화영화를 제작했는데 관객의 호응을 얻지 못했다.

파산한 후, 심기일전해서 디즈니는 형 로이와 손잡고 다시 도전해 1923년 '디즈니 브러더스 스튜디오'를 세워 '행운의 토끼와 오스왈드'를 만들어 성공했지만 그러나 배급상들의 농간으로 판권을 어이없이 뺏기고 말았다. 거듭되는 실패로 인해 큰 절망에 빠진 그는 창고에 우두커니 앉아있었다.

그런데 그곳에서 생쥐 한 마리를 보게 되었다. 한 마리 생쥐와의 조우가 훗날, 그의 운명을 바꿔놓은 것이다. 할리우드로 다시 와 영화사를 차린 그는 고심 끝에 낡은 창고에서 봤던 생쥐 한 마리를 떠올렸고, 그것을 종이에 담아냈다. 그게 바로 전 세계 어린이들이 좋아하는 최고의 캐릭터 '미키 마우스'이다.

이처럼 창의력 역시 어느 날 갑자기 별똥별처럼 하늘에서 툭 떨어지는 게 아니다. 경험의 축적에 창의력은 비례한다. 창의력을 키우는 데 경험만한 훌륭한 자양분은 없다.

인생은 경험의 집합체이며 경험이 바로 인생

자기가 직접 경험하거나 배운 것은 거의 진리와 맞먹는다. 대부분 사람들은 어떤 일을 판단하거나 중대한 결정을 내려야 할 때 자신의 경험이나 배움을 기초로 판단하기 때문이다. 물론 경험이나 배움에 대한 절대적인 믿음으로 인해 타인의 조언을 외면하여 실수를 불러일으키는 경우도 있지만, 여하튼 경험은 인생을 살아가는데 가장 큰 기준이며 삶의 근거가 된다. 그래서 어른들은 젊은이들에게 다양한 경험을 하라고 주문한다.

이 세상 모든 일을 다 경험한다면 좋겠지만 사실 그건 불가능하다. 그래서 간접적으로나마 경험을 축적하는 것이 좋다. 또한 매일 반복되는 일상, 그 일상에서는 비전을 찾아보기란 어렵다. 비전이란 오늘의 변화와 새로운 경험을 통해서 조금씩 빛을 보게 된다.

다시 한 번 기억하라. 인생은 경험의 집합이며 그 어떤 경험도 어리석지 않으며 무용하지 않음을!

Question for you

1

2

3

[Self development note]
매일매일 새로운 일을 경험하는 방법

1. 책과 신문 읽기

실제로 사물을 대하여 직접 경험하는 게 최고로 확실한 방법이지만 모든 걸 직접경험에 의존할 수는 없다. 직접경험은 시간과 공간의 한계가 있을 뿐 아니라 비용도 많이 든다. 최고의 방법이 아니라면 차선책이라도 좋다.

간접경험이 그것이다.

간접경험 중 책과 신문 읽기만큼 쉽고도 효과적인 건 없다.

미래학자인 앨빈 토플러는 '책과 신문 읽기'에 대해 이렇게 말했다.

"내 통찰력에 대해 궁금한 사람이 많다. 내 통찰력의 뿌리에 대해서 밝히겠다. 바로 끝없는 독서와 사색, 그리고 책과 신문을 읽고 다양한 경험을 하라는 것이다. 나는 아침마다 신문을 읽느라 손끝이 까매진다."

책을 통해 지식과 지혜를 경험할 수 있고 신문을 통해 세상의 흐름을 읽을 수 있다. 책과 신문을 가까이 하면 늘 새로운 세상을 만날 수 있다.

2. 새로운 사람과 새로운 장소에 가기

커피전문점 '스타벅스'의 CEO 하워드 슈츠는 매일 점심시간에 새로운 사람과 식사를 했다. 새로운 사람과의 만남을 통해 인맥도 넓히고 그 사람에 대한 가치와 정보를 얻음으로서 새로운 경험을 하게 된 것이다.

새로운 사람을 매일 만나는 게 현실적으로 무리가 있다면 매일 같은 식당에 가는 것보다는 새로운 식당으로 가는 것도 한 방법이다. 새로운 곳에서만 느낄 수 있는 새로운 경험과 가치를 얻을 수 있을 것이다. 내게 익숙한 것은 한없이 편하겠지만 새로운 영감은 얻을 수 없다.

3. 새로운 것에 도전하기

번지점프를 하면 크게 두 가지의 감정을 느낄 수 있다.

첫 번째 감정은 점프대에 오르기 전까지의 두려움이다. 그리고 두 번째 감정은 성공한 후에 느끼는 성취감이다. 두려움은 번지점프를 실패한 사람도 느낄 수 있는 감정이지만, 성취감은 경험하지 않으면 절대 느낄 수 없는 감정이다.

도전하지 않으면 실패의 감정도, 성공의 감정도 느낄 수 없다. 새로운 감정, 새로운 경험을 얻으려면 결국 새로운 것에 도전을 해야 한다.

남들에게 인정받고 싶은 당신에게...

나를 몰라준다고 투덜대기 전
실력을 갖추는 게 우선이다

누군가가 물었다.
"당신은 전구를 발명하기 위해 1만 번이나 실패했는데
그 실험들은 모두 헛된 일이 아닙니까?"
하지만 나는 웃으며 말했다.
"나는 1만 번의 실험을 실패한 게 아니라
이렇게 하면 전구가 되지 않는다는 9999가지의
새로운 방법을 알았을 뿐입니다."

– 토머스 에디슨

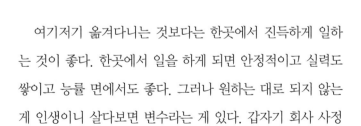

　여기저기 옮겨다니는 것보다는 한곳에서 진득하게 일하는 것이 좋다. 한곳에서 일을 하게 되면 안정적이고 실력도 쌓이고 능률 면에서도 좋다. 그러나 원하는 대로 되지 않는 게 인생이니 살다보면 변수라는 게 있다. 갑자기 회사 사정

이 나빠져 어쩔 수 없이 직장을 옮겨야 하는 경우도 있고, 연봉 문제나 동료나 상사와의 마찰로 인해 불가피하게 직장을 옮겨야 할 경우도 있다.

요즘은 예전과 같지 않아서 한 직장에서 평생을 일하고 퇴직하는 사람이 드물다. 회사를 옮기는 일이 낯설지 않는 시대에 살고 있다.

실제로 취업 포털 인크루트가 이직 경험이 있는 직장인 937명을 대상으로 이직 이유를 조사했는데 다음과 같은 결과가 나왔다.

이직 사유 중 가장 높은 건 역시나 연봉이었다. 조사 대상자 가운데 17.6%가 연봉 때문에 이직을 한다고 대답한 것이다. 자신의 능력이나 자질을 돈으로 평가받는 세상이기에 돈을 좇아 회사를 옮기는 것을 비난할 수는 없다. 그리고 16.8%는 회사의 비전이 보이지 않았기 때문이라고 답했고, 12.5%는 회사의 경영난으로 어쩔 수 없이 이직을 하게 됐다고 답했다. 그리고 '개인 또는 가족 사정으로'(9.7%), '상사나 동료와 마찰 때문에'(9.3%) 순으로 나타났다.

직장인들에게 이직에 대해 어떻게 생각하느냐고 물어봤다. 직장인 1,351명을 대상으로 한 설문조사에 따르면 직장인 79.4%는 이직은 필요하다는 생각을 하고 있는 것으로 집계됐다. 이 중 71.0%는 '어느 정도 필요하다'고 말했으며, 8.4%는 '매우 필요하다'고 응답했다. 반면 '별로 필요하지 않다'는 13.8%, '전혀 필요하지 않다'는 6.7%가 응답했다.

회사는 어떤 사람을 필요로 할까?

이직은 흔히 있는 일이다. 이직을 할 생각이고, 해야 할 상황이 닥쳤다면 이왕이면 더 좋은 조건을 희망할 것이다.

그런데 주의할 점이 있다. 바로 마무리다.

'어차피 다른 회사로 옮길 건데 대충하지 뭐!' 이런 생각을 갖고 있다면 큰 오산이다. 이직을 한다고 해도 대부분 동종업계로 간다. 동종업계는 한 다리 건너면 다 아는 사람이다. 마무리가 아름답지 못하면 그건 부메랑이 되어 더 큰 위험으로 돌아온다.

또한 중요한 건 실력이다. 처음 연봉 협상을 세게 해서 좀 높게 받았다 하더라도 몇 개월만 지나면 실력은 드러나게 되어 있다. 그러니 어디를 가든 인정 받으려면 좋은 품성과 회사에 보탬이 되는 능력과 고유의 가치를 갖춰야 한다. 물론 취업을 위해서도 실력은 기본이다.

일본 경영의 신은 알고보니 실력 예찬론자

혼다 쇼이치로는 일본에서 태어나 일본에서 기업을 일궈 아시아를 넘어 세계적인 기업으로 키운 혼다의 창업자이다.

어릴 때부터 기계 다루는 솜씨가 뛰어났던 그는 어느 날, 잔디 깎는 기계의 엔진을 자전거에 연결했다. 그 자전거로 힘들이지 않고 언덕을 오를 수 있었으니 그게 바로 혼다 오토바이의 시초였다.

그 후로 오토바이 제작을 해오다 1960년대 첫 승용차를 생산했다. 혼다는 오토바이 부문 세계 1위, 자동차는 세계 7위로 성장했다. 그게 가능했던 이유는 독자적인 기술 개발에 모든 것을 다 쏟았기 때문이다. 자동차의 ABS와 차량용 내비게이션도 혼다가 세계 최초로 개발했다.

혼다는 광고방식도 남다르다. 배우나 스포츠 선수 등을 광고에 내세우지 않는다. 유명세에 의존하기보다는 최고의 기술로 인정받길 원하는 것이다.

창업자인 '혼다 쇼이치로'는 기술, 즉 실력을 최고의 가치로 삼았다. 엔진 부문에서 세계적인 기술자들을 다수 보유하고 있는 것도 그의 경영철학이 담겨 있기 때문이다.

그가 직원을 채용할 때, 원칙이 하나 있다. 연고나 학연 등으로 채용하는 게 아니라 역시 실력 위주로 사람을 뽑는다. 실력이 뛰어나다면 많은 비용이 들더라도 인재를 과감히 채용한다.

그는 이렇게 말한다.

"제품은 거짓말을 못한다. 혼다에서 한 일은 혼다의 제품에 그대로 담겨 있다. 우리는 혼을 담아 만든 작품을 시장에 내놓을 뿐이다. 우리의 제품은 혼다의 진실을 보여준다. 결국은 기술이고 실력이다."

독립운동가 안창호 선생 역시 실력론을 역설한 바 있다.

"나는 젊은이들에게 말합니다. 실력을 준비하는 자가 늘어나야 합니다. 우리 독립운동가들이 만약 전부 직업을 가지고 있었다면 한층 독립운동이 더 잘되었을 겁니다. 그런데 독립운동가들 대부분이 무직업자인 때문에 독립운동에 방해가 많았습니다. 독립운동자 중에 다 직업이 있었다면 정부의 재정 수입도 많았겠고, 따라서 독립운동을 계속할 수 있었을 것입니다. 직업이 없기 때문에, 당장 밥 먹을 것이 없는데 어찌 계속해서 독립운동을 하겠습니까. 따라서 정부의 재정 수입도 엉성할 수밖에 없습니다. 이제 나는 보편적 실력과 특수적 실력을 말하려 합니다. 보편적 실력은 전체 민족이 실력을 준비하자 함을 말합니다. 그러나 보편적 실력은 참으로 어렵습니다. 그렇지만 보편적 실력이 불가능한 건 아닙니다. 경제발전, 교육발전을 계속 추진하면서 보편적 실력을 준비해야 합니다. 특수적 실력은 우리가 무엇무엇을 만들어야 함을 말합니다. 앞으로 할 일은 공상으로 하지 않고 실제로 해야 합니다. 우리는 한두 명의 영웅이 필요한 게 아닙니다. 계획이 있으면 그 일을 성취하기 위해 상당한 자격이 있는 자, 즉 그 일에 특수한 자격이 있는 자가 그 일을 맡아야 합니다. 가령 폭탄을 던지고자 한다면 폭탄 제조를 할 수 있는 특수한 자가 있어야 하겠고, 외교에 있어서도 외국어 몇 마디만 한다고 내세우지 말고 외교술이 능한 전문적인 실력을 갖춘 자가 나서야 하는 것입니다. 아시겠습니까? 실력만이 다시 조국을 일으켜 세우고, 실력만이 미래입니다."

실력은 극복할 수 있는 힘이다

당신은 지금 어떤 위치에 있는가? 남보다 가진 게 없고, 인맥도 없고, 더군다나 치명적인 장애나 단점을 갖고 있는가? 그렇다고 땅이 꺼질 것처럼 한숨 쉬지 마라. 어쩌면 당신의 목표는 더더욱 뚜렷해진 것이다. 내세울 것이 없다면 실력 쌓는 데 집중하라. 자신의 불리한 조건을 뛰어넘을 만한 실력을 갖추는 것이다.

자신의 장애나 단점을 실력으로 덮어버린 위대한 인물들을 우리들은 익히 알고 있다.

스티븐 호킹을 장애인으로 기억하는가? 그렇지 않다. 대부분 사람들은 그를 천재 물리학자로 기억한다. 베토벤을 청각 장애인으로 기억하는가? 그렇지 않다. 세상 사람들의 마음과 영혼을 울리는 천재 음악가로 기억한다.

우리나라에도 실력으로 자신에게 주어진 불리한 상황을 이겨낸 인물이 있으니, 뛰어난 수필가이며 영문학자인 서강대 장영희 교수다.

그녀는 생후 한 살 무렵 소아마비를 앓아 목발의 두 다리와 평생 네 다리로 살았다.

그녀는 아주 어릴 때부터 장애인으로서 이 사회에서 살아남는 게 쉽지 않다는 걸 본능적으로 깨달았다. 그래서 그녀가 선택한 것이 '공부'였다.

"그야말로 공부만이 나의 살 길이었죠. 그래서 저는 순전히 장애인이라는 이유로 저의 단 한 가지 재능까지도 원천봉쇄하려는 사회와 싸워 이기기 위해 열심히 공부했어요. 실력이 없다면 누가 저를 거들떠보겠어요."

그녀는 이를 악물고 공부했다. 서강대 영문과에 입학했고 졸업 후에는 1977년 동대학원에서 영문학을 전공하여 석사학위를 취득했으며 이듬해 미국으로 건너가 1985년 뉴욕주립대 대학원에서 박사학위를 취득하기에 이르렀다. 그리고 모교인 서강대학교에서 영문학 교수로 재직하며 여러 권의 베스트셀러를 내기도 했다.

자신이 꿈꾸는 인생을 실현하기까지 그녀의 인생은 순탄하지 않았다. 장애를 가진 여성으로 산다는 것은 이 땅에서 결코 쉽지 않은 일이었다. 실력으로 승부하기 위해 그녀는 책상 앞에서 숱한 밤을 새웠다. 그리고 도전을 멈추지 않았다.

최고의 실력을 갖춘 자는 이 세상에 두려울 게 없다. 마음에서 우러러나오는 자신감이 있다. 아는 자보다 더 힘이 센

자는 세상에 없다.

    사람들이 왜 나를 인정해주지 않을까 불평불만을 늘어놓기 전에 정말로 내가 남들 앞에 부끄럽지 않은 실력을 갖췄는지 되돌아봐야 한다.

    어떤 일을 하든 그건 상관없다. 오직 실력만이 당신을 빛나게 한다.

[Self development note]
실력 배가 방법

1. 자투리 시간을 활용하라

당신은 당신에게 얼마만큼의 시간을 투자하는가?

시간은 정직하다. '기브 앤 테이크(give & take)'다. 시간을 들여야 성과가 나온다.

이렇게 말하는 사람들도 있을 것이다.

"회사 출근하자마자 일하느라, 상사 눈치 보느라 하루 종일 치이는데 시간을 어떻게 내요?"

"책상 앞에 앉아서 공부하느라 지치고 힘든데 또 시간을 어떻게 만들어요?"

현대인들이 시간에 쫓겨 산다는 건 알고 있다. 그러나 그건 시간을 어떻게 활용하느냐에 따라 달라진다. 자기계발을 위해 처음부터 많은 시간을 투자할 필요는 없다. 한꺼번에 많이 하려면 오히려 더 큰 리스크가 발생한다.

일단 자투리 시간을 이용해라. 친구를 기다리는 시간, 습관적으로 TV를 보는 시간, 이동하면서 소비하는 시간, 술 마시며 노는 시간 등등 자기도 모르게 새어나가는 그 시간만 잘 활용한다면 자기계발을 위한 시간을 확보할 수 있다.

시간이 없다는 건 변명에 불과하다. 변하고자 하는 의지가 부족한 탓이다. 누구에게나 똑같이 주어지는 하루 24시간. 그 시간은 한정되어 있지만 그 시간을 잘만 활용한다면 분명 다른 내일을 맞이할 수 있을 것이다.

2. 할당량을 구체적으로 정하라

막연한 꿈은 이룰 수 없다. 막연하게 꿈을 정했다는 것은 사실 그 꿈을 이루고자 하는 의지가 없는 것이나 마찬가지다. 목표도 마찬가지다. 새해가 밝았으니 책을 많이 읽어야지 하고 생각했다면 그 목표는 이뤄지기 힘들다. 목표를 정할 때는 보다 구체적으로 정해야 한다.

영어회화 새벽반 다니기, 30분씩 프레젠테이션 연습하기, 이틀에 한 권씩 책 읽기, 저녁 식사 후 공원까지 조깅하기 등등 자기에게 적합한 목표를 세우고 그 실천 방안까지 세부적으로 작성해서 그것을 숙지한다. 목표를 세웠다면 반드시 목표량을 소화시켜야 한다.

그러나 사람의 의지는 갈대와 같아서 계획한 일을 계속해서 밀고 나가는 게 힘들다. 각종 유혹과 나태함으로 인해 중간에 포기하고 만다. 결국은 자신의 의지와의 싸움이다. 그래서 필요한 게 구체적인 계획과 세부적인 실천방안이다. 그것들이 포기하려는 마음을 다시 일으켜 세우고 다시 의지를 불태우는 데 도움을 줄 것이다.

3. 우쭐대는 건 금물!

실력이라는 게 그 끝이 있을까?

없다! 세상 모든 지식을 다 흡입한다고 해도 분명 모르는 부분이 또 생기기 마련이다. 세상이 변하는만큼 세상의 지식 또한 새롭게 변하기 때문이다.

어느 정도 실력을 쌓았다고 해서 우쭐거리거나 남을 얕잡아보고 무시해서는 안 된다. 또한 자신의 생각이 옳다면 당당하게 주장하는 것도 좋지만 자기와 상반된 견해라고 해서 무조건 반대하는 것도 좋지 않다. 그건 오히려 자신의 사고가 편협하다는 걸 보여주는 꼴이 된다.

다양한 생각과 의견을 받아들일 수 있는 우연한 사고를 가져야 하고 겸손하게 늘 몸을 낮춰야 한다. 우쭐대는 순간, 배움은 끝나고 더 이상 발전할 수 없다. 컵에 물이 꽉 차 있다면 아무리 새로운 물을 부어도 채울 수 없듯 자신의 실력이 꽉 차 있다고 자만하면 안 된다. 아직은 부족하기에

더 많이 배우고 알아가야 한다는 자세로 임한다면 더 많은
세상의 지식을 얻을 수 있다.

이제 다시는 일어설 수 없다고 낙담하는 당신에게...

주저앉지 말고
스프링처럼 튀어오르자

폭포가 우리에게 주는 교훈은,
힘차게 흐른다는 것이다.
폭포는 앞으로 움직이기 시작하면 멈칫거리지 않는다.
흐르는 길목에 자갈 같은 장애물들이 있을 것이다.
당신이 살아가는 동안에도
장애물 때문에 위협받을 수 있다.
하지만 일을 시작하였으면 머뭇거리지 말라.
포기하지도 말라.
이것이 폭포가 주는 교훈이다.

– 힌두교의 시

삶이 안락하고 쾌적한 생활, 즐거운 생활로만 채워져 있다면 기분이 어떨까? 당연히 행복할 것이다. 그러나 그러한 생활이 매일매일 계속된다면 과연 행복도 지속될까?

아마도 행복이 점점 시시해지고 그 빛이 바랠 것이다. 삶이란 원래 지루하고 답답한 거라고 단정 지을지도 모른다. 행복이 가장 빛을 발하는 순간은 잔잔한 호수를 아무 탈 없이 건너오는 게 아니라 거친 파도와 폭풍우를 이겨내고 찾아오는 그 순간일 것이다. 힘든 고비나 역경 끝에 찾아오는 작은 성취나 희망에서 행복은 극대화되고 진가를 발휘한다.

서양 속담에 '북풍이 바이킹을 만들었다'라는 말이 있듯 그날이 그날 같은 밋밋한 삶 속에서는 진정한 행복을 맛볼 수 없다. 어려운 환경에서 살다보면 더 강해지고 쉽사리 쓰러지지 않는 의지도 배우게 되며, 그러는 과정 속에서 자연스럽게 찾아온 행복을 만나게 된다.

이 또한 지나가리라

노력하고 충실한 사람은 화를 복이 바꾸고 실패한 것도 성공으로 바꾸는 힘이 있다. 이를 두고 중국의 전국시대 책략서에서 '전화위복(轉禍爲福)'이라는 말이 나왔다.

인생이란 길을 가다보다 울퉁불퉁한 자갈길을 만나기도 하고 가파른 언덕길도 만나기도 하고 아예 길조차 없는 이상

한 길을 만나기도 한다.

그렇다고 고난과 역경의 길만 있는 게 아니다. 여유롭고 즐거운 길도 있다. 길섶에 핀 코스모스가 나란히 줄 서 있는 시골길도 있는가 하면 답답한 마음을 훌훌 털어버릴 수 있는 바닷가 한적한 모래사장도 있다.

인생이란 길은 날씨와도 같다. 우울하고 힘겨운 날이 있기도 하지만 좋은 날도 있다. 또 어떨 때는 인생 최대의 고비이며 최악의 날이라 생각했는데 오히려 그것이 새로운 삶을 살아가게 하는 전환점으로 다가오기도 한다.

실패는 혼자 오지 않고 기회를 등에 업고 온다

일본의 야구영웅 하면 가장 먼저 떠오르는 선수가 '왕정치'이다.

그는 통산 홈런 868개로 세계 최다 홈런 기록을 가진 위대한 선수다. 이 기록은 홈런 755개를 친 메이저리그의 전설인 '행크 아론'보다 무려 113개나 많은 기록이다.

그가 야구와 인연을 맺기 시작한 건 와세다 실업고등학교에 입학하고부터다. 그 전까지만 해도 그는 야구를 몰랐다. 아무튼 첫 실패의 경험이 아니었다면 홈런왕 왕정치는 존재하지 않았을지도 모른다.

그의 아버지는 중국 사람이었다. 아버지는 그를 전기기사로 키워 중국으로 데리고 나갈 생각이었다. 그는 중학교 졸업 후, 공업고등학교에 응시를 했다. 그런데 낙방을 하고 말았다. 애석하게도 1점 차이로 고배를 마신 것이다.

그는 실패의 아픔으로 인해 한동안 방황했다. 그런데 실의에 빠진 그에게 누군가가 야구를 권했고 그는 와세다 실업고등학교에 들어가 야구부 생활을 하기 시작했다.

"1점의 실패가 저에겐 고통이었지만 그 고통은 결국 저를 더 강하게 만들었습니다."

만약 그 당시 그에게 실패가 찾아오지 않았다면 아마도 우리들은 야구 역사상 가장 위대한 선수를 가질 수 없었을 것이다.

접착식 메모지인 '포스트잇'의 탄생 비화도 재미있다.

접착제 회사의 직원인 스펜서 실버는 초강력 접착제를 개발하기 위해 노력했지만 결국 실패하고 말았다. 아무리 연구

해도 원료 배합의 잘못으로 접착력이 약했다.

거듭되는 실패로 인해 힘든 나날을 보내던 어느 날, 성경책에서 성경 구절을 표시하려 꽂아두었던 메모지가 쏟아져 내리는 것을 보고 쉽게 떼었다 붙일 수 있는 메모지가 있으면 좋겠다고 생각했다. 그는 접착력이 약했던 그 실패작을 떠올렸고 그것을 이용해 마침내 포스트잇을 발명했다.

발기부전 환자들에게 신의 선물이라 불리는 '비아그라'도 실패의 끝자락에서 빛을 본 경우다.

세계 최대의 제약회사인 화이자의 실험실에서 연구원들이 협심증 환자를 위한 치료약을 개발 중이었다. 그런데 한 가지 부작용이 나타났다. 그건 바로 음경동맥 확장으로 인한 발기현상이었다. 이 약은 애초의 목표인 협심증 치료약으로서는 실패작이었다. 그러나 그 실패는 새로운 분야로의 출발점이었다. 연구원들은 협심증 치료제에서 발기력 부분으로 선회해 연구와 실험을 거듭했다. 그래서 마침내 그 약은 상품화가 되었다. 그게 바로 '비아그라'이다.

노력으로 기적을 만들다

실패 다음에 반드시 성공이 따르는 것은 아니다. 실패를 이겨낼 수 있는 강한 마음이 있어야 하고 그리고 또 하나 실패를 딛고 일어설 수 있는 끊임없는 노력과 열정이 뒤따라야 한다.

성공한 사람들을 보면 쉽게 그 자리에 오른 것처럼 보인다. 전화위복이든 성공이든 기적이든 어느 날 갑자기 하늘에서 떨어지는 건 아니다. 이 세상 모든 행운과 기적과 성공은 멈추지 않고 열심히 달리는 자에게만 찾아오는 선물이다.

절망의 아픔을 뛰어넘어 기적을 맞이한 한 여성이 있다. 네덜란드 출신의 장애인 운동선수 '모니크 반 데르 보스트'.

그녀는 어린 시절, 테니스와 하키를 즐길 정도로 운동을 좋아했다. 그런데 너무 운동을 한 탓일까 발목에 무리가 왔고 급기야 열세 살에 수술대에 올랐는데 신경에 문제가 생겨 왼쪽 다리가 마비되고 말았다.

청천벽력과도 같은 일이었다. 하루아침에 장애인이 된 것이다. 그러나 그녀는 절망하지 않았다. 그녀는 손으로 페달을 돌리는 핸드 사이클로 새로운 삶을 시작했다. 물론 쉽지 않았다. 낮은 자세로 보는 세상, 사람들의 편견, 훈련의 고통 등 모든 것이 힘겨웠지만 멈출 수 없었다.

"그래, 여기서 멈추면 내 인생도 멈추고 말 거야."

그녀는 둥그런 바퀴처럼 인생을 향해 달려갔다. 그 결과, 유럽 챔피언에 여섯 번, 세계 챔피언에 세 번 오르는 기적을 만들어냈다. 그런데 그 기쁨도 잠시, 2008년 교통사고를 당해 척추까지 다쳐 하반신 전체가 마비되었다. 그런 악조건에서도 그녀는 정신을 잃지 않았다. 오히려 더더욱 훈련에 몰두했다. 조금이라도 빈틈을 보인다면 절망과 좌절의 바람이 그 틈으로 들어온 인생 전체를 망칠 것만 같았다.

그리고 그해 9월 베이징 올림픽에 출전해 두 개의 은메달을 거머쥐었다. 그녀의 삶이 어느 정도 안정권으로 들어설 무렵, 또다시 악재가 터졌다. 2012년 런던 올림픽을 준비하던 중, 휠체어에 앉은 채로 교통사고를 당한 것이다. 그런데 놀라운 기적이 일어났다. 발작 증상이 생기더니 발가락이 움직이기 시작했다.

"어, 움직인다. 내 발가락이 움직여!"

이후, 발가락뿐만 아니라 하반신이 조금씩 움직이기 시작했다. 그리고 마침내 그녀는 걷게 되었으며 마라톤 대회까지 출전할 정도로 건강을 회복했다.

이처럼 알 수 없는 게 인생이다. 그러니 지금의 상황이 힘들고 고달프다고 해서 그냥 주저앉으면 안 된다. 속단하고 마음대로 판단해서 스스로 인생의 끈을 놓아서도 안 된다. 긴 인생의 과정에서 본다면 절망이나 위기가 오히려 성공의 찬스인지도 모른다. 알 수 없는 인생이기에, 정해져 있는 인생이 아니기에 더 많은 기회와 행운이 기다리고 있다고 생각하라.

인생에 희망과 용기와 노력의 의지를 더하라. 그러면 불행도 행복으로, 절망도 희망으로, 아픔도 기쁨으로, 나약한 나도 강한 나로, 변방의 나도 중심의 나로 바뀔 것이다.

나는 반드시 바뀌어야 하고 바꿔야만 한다.

[Self development note]
실패를 성공으로 전환하는 방법

하나의 실패가 인생 전체의 실패를 의미하는 건 아니다. 실패 속에서 성공을 발견하고 다시 도전하는 자만이 성공의 단맛을 맛볼 수 있다.

성공하는 사람들에겐 실패를 성공으로 전환하는 방법이 있다.

1. 과거의 실패나 불행했던 일에 대해 미련을 갖지 않는다

 ─ 실패는 성공으로 가는 과정일 뿐이다.

 ─ 내 안엔 분명 성공인자가 있다.

 ─ 살아온 날보다 살아갈 날이 더 소중하다. 비관, 낙담, 절망은 금물.

2. 과거의 경험에서 실패하지 않고 성공할 수 있는 방법을 모색한다
　- 실패의 경험이 모이고 나면 성공의 노하우가 된다.
　- 실패의 요인을 많이 알면 그만큼 실패 리스트를 줄일 수 있다.
　- 실패의 변명이나 핑계거리를 찾지 않는다.

 3. 자신을 괴롭히지 않는다
　- 남들과 비교하지 않는다.
　- 단점보다는 장점에 집중한다.
　- 자신감 있게 행동하고 자신을 사랑한다.

 4. 미래의 모습을 상상하고 할 수 있다는 믿음을 갖는다
　- '나도 할 수 있다'라는 주문을 끊임없이 뇌에 주입시킨다.
　- 피하지 않고 정면돌파한다.
　- 힘든 상황에서도 웃음을 잃지 않는다

진정한 고수는
자신과의 싸움에서 이긴 자

인생의 태엽은 단 한 번만 감겨진다.
시곗바늘이 언제 멈출지 말해줄 수 있는 사람은 아무도 없다.
지금은 당신에게 주어진 유일한 시간이다.
뜻을 가지고 살아라.
처음마음을 잃지 말고 사랑하라.
자신을 사랑하고 일을 열심히 하라.
오늘 할 일을 내일로 미루지 말라.
왜냐하면 내일이 당신에게 찾아오기 전에
시곗바늘이 멈추게 될 수도 있기 때문이다.

- 조지 켄들러

12월 31일과 1월 1일은 단 하루 차이다.

그러나 분명 하루 차이 이상의 의미가 있다. 12월 31은
지난해이고 1월 1일은 새해의 첫날이다.

새롭다는 건 설레고 희망적이며 행복하다. 365일 매일

아침 태양이 떠오르지만 1월 1일의 태양은 왠지 모르게 달리 보인다. 그래서 사람들은 이른 새벽부터 해돋이를 보기 위해 정동진 바닷가나 간절곶, 호미곶 등으로 일출을 보러 달려간다. 그곳에서 떠오르는 새해 아침의 태양을 보며 소원을 빈다.

"우리 가족 모두 건강하게 해주세요."

"올해는 꼭 승진하게 해주세요."

"좋은 직장을 얻게 해주세요."

소원이 끝나면 비장한 표정을 지으며 각오를 다진다.

'이번에는 꼭 술과 담배를 끊을 거야.'

'영어학원도 다니고 밤에는 운동도 열심히 할 거야.'

가슴 안에 새해의 각오를 품고 일상으로 돌아온다. 그런데 바삐 돌아가는 일상에 젖다보면 어느새 그 각오는 서서히 희미해진다.

작심삼일(作心三日), 3일도 지나지 않아 각오는 결국 흐지부지된다. 그리고 다음해 또 똑같은 일이 반복된다.

초심을 잊지 않는 게 관건

철학자 소크라테스가 어느 날 제자들을 불러 모아 말했다.

"오늘은 너희들에게 가장 쉬우면서도 가장 어려운 일에 대해 말하겠다. 모두들 어깨를 앞뒤로 흔들어보아라. 오늘부터 매일 이렇게 300번을 해라. 알겠느냐?"

"예, 알겠습니다. 그런데 스승님, 어깨를 흔드는 건 너무나 쉬운 일입니다. 어려운 일이 전혀 아닙니다."

"정말 그럴까?"

다음날이 되자, 제자들은 어깨를 앞뒤로 흔들었다. 그 다음 날에도 어깨 흔들기를 했다.

어느덧 한 달이 지나고, 소크라테스가 제자들을 불러 모았다.

"매일 어깨를 흔드는 사람이 아직도 남았느냐?"

대부분의 제자들이 손을 들었다.

한 달이 지나 소크라테스는 제자들에게 똑같은 질문을 했다. 이번에는 절반밖에 손을 들지 않았다.

6개월이 지나 소크라테스가 다시 제자들을 향해 물었다.

"어깨 흔들기를 지금까지 하는 사람이 몇 명이냐?"

단 한 사람만이 손을 들 뿐이었다.

소크라테스가 제자들에게 말했다.

"이 세상에서 가장 어려운 건 처음의 각오를 계속해서 이어가는 거다. 초심을 잃지 말고 그 마음 그대로 행동을 멈추지 말아야 한다."

성공하고 꿈을 이루고자 한다면 역시 처음에 먹었던 마음을 잊지 않고 이어가는 게 관건이다. 그러나 사실 초심을 잊지 않고 그 마음을 계속 유지한다는 게 쉬운 일이 아니다.

"에이, 며칠 했으니까 됐지 뭐. 다음에 해야겠다."

"이 정도만 하자. 이 정도만 한 것도 잘한 거지."

"사실 처음부터 할 맘은 없었어. 살아왔던 대로 사는 거지 뭐."

초심은 온데간데없고 다시 나태해지고 해이해진다. 그러면 절대로 더 나은 나, 내가 꿈꾸는 삶을 살 수 없다.

초심을 이어간다는 건 자기 자신과의 길고 지루한 싸움일 수도 있다. 마음속에 '또'와 '다시'를 품고 살아야 한다. 반복의 달인이 되어야 한다. 포기하고자 하는 마음이 들 때 다시 한 번 '또'와 '다시'를 외치며 버텨내야 한다.

초심으로 끝나는 게 아니라 항심(恒心)이 따라야 한다. 초심이 항심을 만날 때 결실을 맺을 수 있다. 지치기도 하겠지만 그럴 때마다 내가 왜 이 일을 해야 하는지, 왜 해야만 하는지에 대해 스스로에게 물으며 각오를 다지는 것이다.

성공과 꿈을 원한다면 누구나 할 수 있는 일만으로는 불가능하다. 남들이 할 수 없는 일을 능히 해내야 한다.

이 세상에 공짜는 없다. 공을 들인 만큼, 간절한 만큼 그 결과물이 달라진다.

자기 자신에게 엄격한 사람만이
최고의 자리를 지켜낼 수 있다

독종이란 말이 있다. 뉘앙스가 그리 좋지 않지만 그래도 성공을 이루고자 하는 사람이라면 이 단어를 꼭 기억하는 것이 좋다. 지독하고 집요한 구석이 있어야 성공에 이를 수 있기 때문이다.

옛말에 '대인춘풍 지기추상(待人春風 持己秋霜)'이라 했다.

남을 대할 때는 봄바람처럼 부드럽게 대하고 자신을 대할 때는 가을 서리처럼 차갑고 냉정하게 하라는 뜻이다.

대충대충 처리를 하고 잘못된 일에 대해선 변명이나 핑계거리를 찾아 자기합리화를 한다면 그 무엇도 이룰 수 없다. 무엇보다 자기 자신에게 엄격해야 한다. 자신과의 약속과 각오를 깨지 않는 의지가 중요하다.

성공한 사람들은 자기관리에 철두철미하다. 고달프고 지루하다는 걸 알면서도 자신과의 약속을 결코 깨지 않는다. 아주 작은 틈조차 허락하지 않는다. 거대한 댐도 작은 구멍이나 틈으로 인해 무너지고, 큰 나무도 작은 벌레로 인해 무너진다는 걸 잘 알기 때문이다. 이번 한 번만 그냥 넘어가자고 나태를 허락하면 결국 목표 전체가 무너진다.

지독한 원칙주의자들

영화배우 문성근이 MBC 예능 프로그램 〈무릎팍 도사〉에 출연한 적이 있다.

"어떤 고민이 있어 무릎팍 도사를 찾아왔습니까?"

진행자인 강호동이 물었다.

배우지만 평소 정치적인 신념이 강했던 그였기에 남다른 고민을 말할 줄 알았는데 의외의 고민을 털어놓았다.

"다이어트가 지긋지긋합니다. 다이어트를 하지 않으면 금방 체중이 불어나는 체질입니다."

"아, 그렇군요."

"20년 간 한 번도 다이어트를 그친 적 없습니다. 삼겹살 못 먹은 지가 20년이 됐어요."

그는 지적이며 샤프한 이미지의 자기 캐릭터 때문에 식욕을 조절하며 철저히 자기관리를 해온 것이었다. 20년 동안 얼마나 힘들었을까? 삼겹살을 지금도 입에 대지 않는지는 잘 모르겠지만 아무튼 그런 지독함이 있었기에 지금의 그가 있는 게 아닐까?

일본의 유명한 소설가 무라카미 하루키도 자기관리에 지독하기로 정평이 나 있다.

작가의 길을 걷겠다고 다짐 한 후, 그는 이제까지 해왔던 습관을 송두리째 바꿨다.

일단 하루 세 갑 피우던 담배를 끊었다. 그리고 저녁 9시에 취침에 들어갔고 새벽 4시에 기상했다. 늦게 자면 다음날 피곤해서 작업을 하는 데 지장이 있기 때문이다.

4시에 일어나 매일 10km씩 달리기를 했다. 달리기를 하는 이유는 간단하다. 소설을 쓰는 건 머리를 쓰는 일이기도 하지만 고된 육체노동이기도 하다. 그래서 체력 관리를 위해 달리기를 하는 것이다.

여행기 《먼 북소리》를 집필할 당시 그리스의 한 섬에 머물렀는데 그곳에서도 아침 조깅을 빼먹지 않았다. 어떤 날은 조깅 중에 큰 개에게 쫓기기도 하고, 또 어떤 날은 갑자기 쏟아진 폭우로 인해 떠내려갈 뻔한 적도 있었다.

글쓰기에도 엄격함이 적용된다. 무슨 일이 있어도 그는 오전에는 꼼짝도 하지 않고 소설 쓰기에만 집중했다. 소설이 손에 잡히지 않을 때도 글쓰기는 멈추지 않았다. 그럴 땐 에세이를 쓰거나 번역을 했다.

철두철미한 자기관리가 없었다면 과연 그가 베스트셀러를 양산하는 작가가 될 수 있었을까?

어떤 분야든 자기관리가 철저한 사람은 성공에 한 걸음 먼저 다가설 수 있다. 자기관리란 결국 자기 자신과의 싸움이다. 이 세상에서 가장 힘든 싸움이 바로 자신과의 싸움이라고 흔히들 말한다.

남을 이기는 자는 승리자이지만 자기 자신을 이기는 자는 위대한 자이다. 그런 사람만이 성공의 한가운데 우뚝 설 수 있는 것이다.

Question for you

1 ....

2 ....

3 ....

[Self development note]
변한 건 세상이 아니라 나 자신

왜 세상이 변했는지 환경이 변했는지 탓하지 마라. 변한 건 없다. 변한 건 그대의 마음이다. 아니, 변한 줄 알면서도 그대는 그냥 내버려뒀다. 더 이상 버텨낼 의지가 사라진 것이다. 변치 않는 처음마음, 그게 중요하다.

까치부부 이야기

까치네는 오늘 아침에도 부부싸움을 벌였다.

"까치까치까치."

"까치까치까치."

사흘이 멀다 하고 일어나는 싸움이었다.

저녁이 되어 남편 까치가 말했다.

"아무래도 우리 둥지에 불평귀신이 붙은 것 같소. 그렇지 않고서야 이렇게 자주 싸울 리가 없잖소."

아내까치가 맞장구를 쳤다.

"맞아요. 걱정귀신, 불평귀신이 다 붙어 있는 것 같아요. 둥지에 오면 걱정과 불평이 그냥 쏟아지니…."

부부까치는 이튿날 산까치 도사를 찾아갔다.

그리고 도사 산까치에게 사정했다.

"처음엔 저희 집이 안락한 둥지였습니다. 그러나 지금은 걱정불평의 둥지입니다. 귀신이 붙은 것 같으니 제발 그것들을 쫓아내는 비방 좀 가르쳐 주십시오."

도사 산까치가 말했다.

"우리들은 기쁨의 말을 '까치까치까치'하지요. 마찬가지로 불평의 말도 '까치까치까치'하지요. 이 기쁨의 말도 불평의 말도 한 입에서 나오는 것이지 다른 귀신이 시켜서 하는 소리가 아닙니다. 문제는 '나'한테 있는 것이지요. 다만

기쁨은 첫 마음에서 나오는 것인데 반해 불평은 묵은 마음
에서 나오는 것입니다."

– 정채봉 《처음의 마음으로 돌아가라》